互联网+时代
大学心理健康课程实践研究

穆 阳 刘雪纯 赵莉莉◎著

重庆出版集团 重庆出版社

图书在版编目(CIP)数据

互联网+时代大学心理健康课程实践研究/穆阳,刘雪纯,赵莉莉著.—重庆:重庆出版社,2023.1
ISBN 978-7-229-17450-7

Ⅰ.①互… Ⅱ.①穆… ②刘… ③赵… Ⅲ.①大学生－心理健康－健康教育 Ⅳ.①G444

中国版本图书馆CIP数据核字(2022)第250116号

互联网+时代大学心理健康课程实践研究
HULIANWANG+SHIDAI DAXUE XINLI JIANKANG KECHENG SHIJIAN YANJIU
穆 阳 刘雪纯 赵莉莉 著

责任编辑:钟丽娟 阚天阔
责任校对:何建云
封面设计:白白古拉其

重庆出版集团
重庆出版社 出版

重庆市南岸区南滨路162号1幢 邮编:400061 http://www.cqph.com
北京四海锦诚印刷技术有限公司印刷
重庆出版集团图书发行有限公司发行
E-MAIL:fxchu@cqph.com 邮购电话:023-61520646
全国新华书店经销

开本:787mm×1092mm 1/16 印张:11 字数:245千
2023年5月第1版 2023年5月第1次印刷
ISBN 978-7-229-17450-7

定价:58.00元

如有印装质量问题,请向本集团图书发行有限公司调换:023-61520678

版权所有 侵权必究

前　言

随着社会的快速发展，互联网时代的到来为大学生提供了前所未有的机遇，但同时也给他们带来了巨大的压力，因此，高校要不断加强大学生心理健康的教育，培养其良好的心理素质，促进其人格和谐发展，增强他们的社会适应能力，最大限度地实现人生价值。在高校中，心理健康课程的开设是大学心理健康教育的必然选择，但由于心理健康课程教学不同于其他学科教学，它较少采用静态知识传授的方式，而更多是通过各种活动来实施教学，这也决定了心理健康课程的教学设计不同于学科课程的教学设计，在互联网时代，只有准确定位心理健康教育课程才能使课程的教学设计切实有效。

鉴于此，笔者撰写了《互联网+时代大学心理健康课程实践研究》一书，在内容编排上共设置六章，第一章作为本书论述的基础与前提，主要分析健康与大学心理健康教育的基础知识、大学心理健康教育课程性质与作用、大学心理健康教育课程的理论、互联网+时代大学心理健康课程改革方向；第二章论述大学心理健康课程的类型与结构体系、设计与教学过程、教学活动与技术、评价与专业发展；第三、四、五、六章分别从大学生自我概念教育课程设计、人际交往能力培养课程、学习心理开发课程创新、就业生涯辅导课程实践四个方面研究互联网+时代大学心理健康课程的创新建设。

本书有两个特点：一是适应大学生的知识水平和认知特点；二是理论联系实际。每章既有抽象的理论探讨，又有具体的内容分析，且在教学目标上突出了针对性和实效性；在教学内容上突出了系统性和新颖性；在教学模式上突出了经验性和实践性。全书通俗易懂，既可以作为教师参考用书，也可以作为学生自学自助用书。

笔者在撰写本书的过程中，得到了许多专家学者的帮助和指导，在此表示诚挚的谢意。由于笔者水平有限，加之时间仓促，书中所涉及的内容难免有疏漏之处，希望各位读者多提宝贵意见，以便笔者进一步修改，使之更加完善。

目 录

- 前言 ··· 1

第一章　绪论 ·· 1

第一节　健康与大学心理健康教育解读 ······················· 1
第二节　大学心理健康教育课程性质与作用 ················· 12
第三节　大学心理健康教育课程的理论支撑 ················· 14
第四节　互联网+时代大学心理健康课程改革方向 ········· 28

第二章　大学心理健康课程的组织体系与发展 ················· 30

第一节　大学心理健康课程的类型与结构体系 ············· 30
第二节　大学心理健康课程的设计与教学过程 ············· 35
第三节　大学心理健康课程的教学活动与技术 ············· 57
第四节　大学心理健康课程的评价与专业发展 ············· 76

第三章　互联网+时代大学生自我概念教育课程设计 ········ 88

第一节　大学生自我概念不同维度的认知 ··················· 88
第二节　大学生自我概念辅导课程的设计教法 ············· 93
第三节　互联网+时代大学自我概念课程教育 ·············· 94

第四章　互联网+时代大学生人际交往能力培养课程 ········ 96

第一节　大学生人际交往的特性与类别划分 ··············· 96

第二节 大学生人际交往的原则与技巧分析 …………………………… 100
第三节 大学生人际交往的障碍与调适方法 …………………………… 104
第四节 大学生人际交往辅导课的设计与教法 ………………………… 109
第五节 互联网+时代大学生人际交往的能力培养 …………………… 111

第五章 互联网+时代大学生学习心理开发课程创新 …………………… 113

第一节 大学生学习特点与学习心理机制分析 ………………………… 113
第二节 大学生学习心理的有效教学与潜能开发 ……………………… 117
第三节 大学生常见的学习心理障碍及其调适 ………………………… 123
第四节 大学生学习心理辅导课程的设计与教法 ……………………… 126
第五节 互联网+时代大学生学习心理教育创新 ……………………… 128

第六章 互联网+时代大学生就业生涯辅导课程实践 …………………… 130

第一节 大学生就业的常见心理分析与调适 …………………………… 130
第二节 大学生就业的心理测评与咨询技术 …………………………… 139
第三节 大学生职业生涯的规划与发展 ………………………………… 149
第四节 大学生生涯辅导及其课程设计教法 …………………………… 161
第五节 互联网+时代大学生就业指导教学模式实践 ………………… 162

参考文献 ………………………………………………………………………… 165

第一章 绪论

第一节 健康与大学心理健康教育解读

一、健康的界定与标准

健康,既是人们熟悉和关切的话题,又是一个久远和丰富的概念。我国最早的中医典籍《黄帝内经》中有内外因的病理学说:外因(风、寒、暑、湿、燥、火)、内因(喜、怒、忧、思、悲、恐、惊)。进入近代社会,人们普遍认为"身体无病无残,体格健壮不弱"就是健康,这种"无病即健康"的观念一直为许多人所持有,并且影响了医疗保健和卫生政策。

随着科学文化和社会的不断发展,传统的生物医学模式开始向"生物—心理—社会"医学模式转变。世界卫生组织(WHO)在宪章中指出,健康不仅是没有疾病,而且是一种躯体、心理和社会适应方面的完满状态。随后,世界卫生组织在世界初级卫生保健(PHC)大会发表《阿拉木图宣言》中重申:健康不仅是疾病或体虚的匿迹,而且是身心健康、社会幸福的总体状态,是基本人权达到尽可能高的健康水平,是世界范围的一项最重要的社会性目标。而其实现则要求卫生部门及社会与经济各部门协调行动。世界卫生组织西太平洋地区委员会在《健康新地平线》中也提出了健康的三个主题:生命的准备、生命的保护、晚年的生活质量。

世界卫生组织给健康下的正式定义是:健康是指生理、心理和社会适应都能保持良好的状态,而不仅仅是指没有疾病或体质健壮。同时,为了加深人们对健康的认识,世界卫生组织还明确提出了健康的十条标准,具体如下:

(1)有足够充沛的精力,能从容不迫地应付日常生活和工作压力,不感到过分紧张。

（2）处事乐观，态度积极，勇于承担责任，不论事情大小都不挑剔。

（3）善于休息，睡眠良好。

（4）能适应外界环境的各种变化，应变能力强。

（5）能够抵抗一般性的感冒和传染病。

（6）体重适当，身体匀称，站立时，头、肩、臂的位置协调。

（7）反应敏锐，眼睛明亮，眼睑不发炎。

（8）牙齿清洁，无空洞、无痛感、无出血现象，齿龈颜色正常。

（9）头发有光泽，无头屑。

（10）肌肉丰满，皮肤有弹性。

二、心理健康及其标准

心理健康是指生活在一定的社会环境中的个体，在高级神经功能正常的情况下，智力正常、情绪稳定、行为适度，具有协调关系和适应环境的能力及特性。

（一）心理健康标准的问题

关于心理健康标准的问题，主要有以下方面：

（1）智力正常。一般智商在80以上，这是人们学习、生活与工作的基本心理条件，也是适应周围环境变化所必需的心理保证。

（2）情绪健康。其标志是情绪稳定和心情愉快。包括内容有：乐观开朗，富有朝气，对生活充满希望；情绪较稳定，善于调节与控制自己的情绪，情绪反应与环境相适应。

（3）意志健全。在各种活动中都有自觉的目的性，能适时地做出决定并运用切实有效的方法解决所遇到的问题；在困难和挫折面前，能采取合理的反应方式；能在行动中控制情绪和行为，而不是盲目行动、畏惧困难、顽固执拗。

（4）人格完整。人格指的是个体比较稳定的心理特征的总和。人格完整就是指有健全统一的人格，即个人的所想、所说、所做协调一致。具有正确的自我意识，能以积极进取的人生观作为人格核心，并以此为中心把自己的需要、目标和行动统一起来。

（5）正确的自我评价。正确的自我评价是心理健康的重要条件。个人要学会自我观察、自我认定、自我判断；能做到自尊、自强、自制、自爱；正视现实，积极进取。

（6）人际关系和谐。表现为：乐于与人交往，能用尊重、信任、友爱、宽容、理解的态度与人相处，能分享、接受和给予爱和友谊，与集体保持协调的关系。

（7）社会适应正常。个体和客观现实环境保持良好的秩序。个体能客观地认识现实环境，以有效的办法应对环境中的各种困难，能根据环境的特点和自我意识的情况努力进行协调，或改善环境以适应个体需要，或改造自我以适应环境。

（8）心理行为符合年龄特征。不同年龄有不同的心理行为，心理健康者应具有与多数同龄人相符合的心理行为特征，如果严重偏离，就是不健康的表现。

（二）心理健康标准的注意事项

心理健康的标准是相对的，在理解和运用心理健康的标准时，应注意以下方面：

（1）一个人是否心理健康与一个人是否有不健康的心理和行为并非完全是一回事。判断一个人的心理健康状况，不能简单地根据一时一事下结论。心理健康是较长一段时间内持续的心理状态，一个人偶尔出现一些不健康的心理和行为，并非意味着这个人就是心理不健康。

（2）人的心理健康水平可以分为不同的等级，是一个从健康到不健康的连续状态，从健康状态到不健康的状态之间有一个较长的过渡阶段。一般而言，心理正常与异常并无确定的界线，只是程度的差异而已。

（3）心理健康状态并非是固定不变的，而是一个动态的变化过程。既可能从不健康转变到健康，也可能从健康转变为不健康。随着人的成长、经验的积累、环境的改变，心理健康状况也会有所变化。因此，心理是否健康只能反映一个人某一段时间内的固定状态，并不是一生的状态。

（4）心理健康的标准无论是哪种表述，都是一种理想的尺度，它不仅为我们提供了衡量心理是否健康的标准，而且为我们指明了提高心理健康水平的努力方向。

（5）个体心理健康的基本标准是能够有效地进行工作、学习和生活。如果正常的工作、学习和生活难以维持和保证，就应该引起注意，及时调整自己。

三、大学生心理健康分析

（一）大学生心理发展的主要特征

青年期是一个人朝气蓬勃走向独立生活的时期，是一个人开始决定自己生活道路的时期。处在青年期的大学生的心理状态迅速成熟但还未真正成熟，在他们心理活动的各个方面都有明显的体现，并形成了有别于一般青年心理发展的基本特征。

（1）自我意识增强，但"自我统和"能力差。自我意识是指人对自身的认识及对周围事物关系的各种体验，它是认识、情感、意志的综合体，是人心理发展过程中一个极为重要的方面。自我意识的发展与年龄有关，而且与人的知识水平有关，大学时代是人真正自我认识的时期。青年大学生随着对外界认识的不断提高，生活经验的不断丰富，开始关注自己的内部世界，迫切要求了解自己和发展自己，出现了主我与客我、理想自我与现实自我的分化，力图从理想与现实的关系中把握自己、认识自己，以追求自我完善。虽然大学生的自我意识明显增强，但由于他们生活阅历有限，与现实社会有一定的距离，社会实践能力不强，造成了他们的自我意识在自我认知、自我体验等方面出现偏差。在自我认知方面表现为过强的自尊心和自卑感；在自我体验方面表现为过度的自我接受和自我拒绝。"自我统和"是青年心理发展的必经历程，顺利完成"自我统和"是青年期发展的关键。如何建立对自我的正确认识，是青年期大学生常遇到的心理问题。

（2）抽象思维迅速发展，但缺乏成熟的理性思考。由于大脑机能的不断增强，生活空间的不断扩大，社会实践活动的不断增多，大学生的认知能力获得了长足的发展。这个时期他们的感觉和知觉灵敏度，提高记忆力、思维能力增强，逻辑抽象思维能力逐步占主导地位，可以通过分析、综合、抽象、概括、推理、判断来反映事物的关系和内在联系，并能从一般的逻辑思维向辩证思维过渡，更多地利用理性思维，而且思维的独立性、批判性、创造性都有显著提高。但他们抽象思维的水平并没有达到完全成熟的程度，思维品质发展不平衡，思维的广泛性、深刻性、敏感性发展较慢，尤其在运用唯物辩证法观点和理论联系实际观点看问题时显得理性不足，往往把问题看得过于简单而陷入主观片面的境地。

（3）情感日益丰富，自我意识强。大学生正值青年时期，丰富多彩的大学生活，使其情感日趋复杂，情感表现具有强烈跌宕、不协调的特色，因而大学时代是体验人生情感最强烈的时代，这种强烈情感的内容随着知识经验的增多、生活空间的扩大、业余生活的丰富、自我意识的增强而日臻多姿多彩。大学生富有理想、兴趣广泛、关心时政、激情澎湃，总而言之他们的情感日渐丰富且迅速向深度广度发展。但由于大学生对社会的复杂性、自己欲望行为的合理性缺乏足够的正确认识，加之他们风华正茂、精力旺盛、自尊感强烈而敏锐，情绪容易产生较大的波动甚至表现为两极性，所以他们常常被情感控制。

（4）交往欲望强而心理闭锁。对处于青年期的大学生而言，人际交往是其自我意识成熟的重要途径，人际关系直接影响其适应能力和发展状况。大学时代是既渴望友情又追求孤独的时代，大学生在整个大学时代都渴望与他人建立起亲密关系以满足感情上的需要。然而，许多大学生对人际关系的追求往往较为理想化，以友谊的理想模式为标准来衡量生活中的人际关系，导致高期望值与高挫折感并存。由于相当多的学生存在着多方位的逆反心态，缺乏与同学的基本合作精神和宽容精神，缺乏人际必要的信任和理解，加之交往方式欠妥、交往能力有限和人格缺陷等原因，容易导致其交往失败。长期的交往失败，使一些大学生把交往看成是一种负担，渐渐地造成心理上的闭锁，长此以往就会滋生一种难以名状的孤独感。大学生的这种状态与随着生活空间的扩大而出现的强烈的交往需要便构成了一对难以调和的矛盾。

从大学生的心理特点可以看出，大学生正处于迅速走向成熟，但又未达到真正成熟的阶段，这种情况既存在积极的一面，又存在消极的一面，因而在心理发展中，就难免出现许多矛盾和冲突，诸如独立性与依赖性的矛盾、强烈的求知欲与识别能力低的矛盾、情感与理智之间的矛盾、理想与现实的矛盾等。但是，大学生正是在解决矛盾、冲突的过程中才逐步走向成熟的。

（二）大学生心理健康的基本标准

根据大学生的心理特征、大学生特定的社会角色的要求以及心理健康学的基本理论，大学生心理健康的标准可以概括为以下几个方面：

（1）能保持浓厚的学习兴趣和继烈的求知欲望。学习是大学生活的主要内容，心理健康的学生都会珍惜学习机会，求知欲望强烈。能克服学习中的困难，学习成绩稳定；能够保持一定的学习效率，并从学习中体验到满足与快乐。

（2）能协调和控制情绪，保持良好的心境。积极乐观的情绪和良好的心境是心理健康的重要标志。心理健康的大学生心胸开阔、从容乐观、热爱生活、乐于进取，虽然也有悲、忧、哀、愁等消极体验，但积极情绪总是多于消极情绪，具有理智感、责任感、幽默感，善于调节和控制自己的情绪，急而不躁，喜而不狂，忧而不绝，胜而不骄，败而不馁，持续稳定地保持愉快、满意、开朗的心境。无论是处于顺境还是逆境，都能随遇而安，积极寻找事业的乐趣，发现生活的光明面。

（3）意志健全，能经受住各种挫折和磨炼。心理健康的大学生，在学习、生活方面有明确的目标和追求，敢想、敢说、敢干，勇于开拓进取，在意志行动中有主见、有恒心、专心致志，遇到外界干扰时不为所动。经常性的盲目和软、懒、散状态，都是意志不健全的表现。

（4）人际关系和谐，乐于交往。人际关系状况最能体现和反映人的心理健康状况。心理健康的大学生热爱生活、乐于交友、善于与人相处；既能容人之短，也能容人之长，能正确处理互助和竞争的关系；能与他人同心协力合作共事，乐于助人，有较强的同情心和道德责任感，因而能被他人和集体所悦纳和认同。

（5）正确的自我意识。正确的自我意识是心理健康的重要条件。心理健康的大学生都能以客观的态度去认识、评价自己和周围的世界，既不是自视清高、妄自尊大，也不是自轻自贱、妄自菲薄，而是在行动上自律，评价上自省，心态上自控，情感上自悦。他们认识到理想自我与现实自我的差距，并保持基本满意的态度。他们善于从客观环境中吸取有价值的信息以充实自己、完善自己，并恰当地进行自我评价和自我调节，有效地控制自己的行为。

（6）适度的行为反应。适度的行为反应是指个体对外界环境和事物的反应既不过敏，也不迟钝。在人生命发展的不同年龄阶段都有相应的心理行为表现，从而形成不同年龄阶段独特的心理行为模式。心理健康的大学生有正常的行为反应，在认识、情感、言行、举止等方面都符合他所处的年龄段的要求，他们充满青春活力、朝气蓬勃、勤学好问，能创造性地处理问题。

（7）完整统一的人格品质。人格指人的整体精神面貌。人格完整指人格构成要素的气质、能力、性格、理想、信念和人生观等各方面平衡发展，有一定的连贯性和稳定性。心理健康的学生所思、所说、所做是协同一致的，具有积极进取的人生观，能把自己的需要、愿望、目标和行为统一起来。

（8）积极的社会适应力。心理健康的大学生，能和社会保持良好的接触，对社会现状有较清晰的认识，思想、信念、目标和行为能跟上时代发展的步伐，与社会要求相符合，为社会所接纳。一旦发现自己的愿望和需要与社会的希望和需要发生矛盾时，能迅速调整自己对现实的期望和态度，以谋求与社会的协调一致。

（三）大学生心理健康的问题分析

（1）学业问题。进入大学，随着环境的改变，许多大学生出现学业问题。跨入大学校园后，一部分学生发觉身处高手如云的新集体，昔日那种优越感荡然无存，失落感油然而生；另一部分学生表现出对专业学习的困惑。与中学相比，大学学习更具有自主性、灵活性和探索性。有些学生感觉突然从中学的严格管教中脱离出来，但又不知如何安排学习，以致心中忧郁、焦虑，学习压力大。于是许多大学生出现学习动力不足、学习目的不明确、学习动机功利化、学习成绩不理想、学习困难等学业问题。

（2）情绪问题。第一，抑郁。以个体心中持久的情绪低落为主，常伴有身体不适、睡眠不足等，心情压抑、沮丧、无精打采，懒于参加任何活动。第二，情绪失衡。大学生的社会情感丰富而强烈，具有一定的不稳定性与内敛性，表现为情绪波动大。

（3）人际关系问题。第一，人际关系不适。进入大学，远离熟悉的生活与学习环境，面对新的人际群体，部分学生显得很不适应。第二，社交不良。部分学生缺乏在公众场合表达自己思想的能力与勇气，面对各种各样的活动，充满了兴趣，却又担心失败，只是羡慕但积极参与的不多，久而久之，开始回避参与。第三，个体心灵闭锁。学生从出高中校门到进入大学校门，缺乏人际交往经验，而自身在人际交往中的不自信又不利于增加自身的人际魅力，妨碍了良好的人际交往圈的形成。与此同时，由于个体间的正常的交往不够，又易引发猜疑等，不利于学生的健康成长。

（4）情感问题。爱情、友情、亲情是学生情感方面的三个重要问题，即爱情的困扰、友情的缺失、亲情的疏离。

（5）特殊群体学生的心理健康问题。特困生与普通生相比，更多地出现自卑而敏感、人际交往困难、身心疾病突出和问题行为较多的状况。尤其是"双困生"，学业成绩不理想，家庭经济又很困难，心理负担很重。

（6）大学生活适应问题。第一，生活能力弱、自立能力弱的情况普遍存在；第二，大学生对挫折的心理承受力弱。

（7）就业问题。陈旧的就业观念，使得大学生对未来感到惶惑。目前，相当一部分大学生在就业上存在问题：第一，好高骛远，不切实际。有的大学生眼高手低，既没有较强的能力，也没有艰苦奋斗的精神，却一味期望找到薪水高、待遇好的职位。第二，求稳怕变，贪图安逸。不了解与自己个性能力相匹配的职业领域，对面试缺乏自信；过于追求平稳的生活，害怕竞争，缺乏走向社会的心理准备。

（四）大学生心理健康的影响因素

1. 大学生个体的心理因素

（1）认识上的不足。在大学阶段青年学生不断反省自我、探索自我、思考人生，经历着种种内心自我评价与认知的矛盾和迷惘，容易诱发心理障碍。

（2）人格的缺陷。性格过于内向、自卑忧郁、急躁冲动、固执多疑、爱慕虚荣、娇生惯养和感情脆弱的人，都比个性开朗大度、乐观的人更易患心理疾病。

（3）意志品质差。相当一部分大学生自制能力差，对挫折缺乏必要的承受能力，惧怕失败。一遇到困难就自责自怨或一味埋怨他人，灰心失望、精神不振，由此造成恶性循环，而陷入消极的心理状态。久而久之，就形成了心理疾病。

（4）情绪发展的不稳定性。大学生的情绪处在最动荡和最复杂的时期，鲜明的特征是情绪的两极性。情绪起伏过大、左右不定，而缺乏对事物的客观判断；强烈的情感需求与内心的闭锁，情绪激荡而缺乏冷静的思考，极易走向极端，使他们常常体验着人生各种苦恼。由此产生内心矛盾冲突而诱发各种心理障碍。

2. 大学学习任务和特殊环境因素

大学生主要任务是学习，有限的时间内要完成繁重的学习任务，心理压力很大。同时，如果他们所处的生活环境（校园）不理想，也会影响其心理健康。因此，近年来，校园文化建设这一课题受到多方重视。

（1）学习负担过重。相当一部分学生每天学习时间达10小时以上，睡眠时间严重不足。学习是一项艰苦的脑力劳动，长期学习负担过重使大脑过度疲劳，大脑皮层活动机能减弱，注意力、记忆力、思维力、想象力受到限制而影响学习效率。学习负担过重与课程设置不合理、学生学习贪多求全、自我期望过高、家长及外界压力过大、学校引导不利等因素有关。

（2）专业选择不当。因对大学专业设置不太了解，学生高考选择专业具有一定盲目性，所以每年都有一些学生由于种种原因对所学专业不满意，认为其不符合个人的兴趣和爱好，从而产生调换专业的想法。一旦该问题解决不了，就会情绪化，表现出对学习无兴趣、情绪低落、消极悲观、随意缺课，长此下去会使心理矛盾强化，导致神经衰弱等心理疾病。其实，专业兴趣是可以培养的，即使现在所学专业确实不能发挥自己的长处，今后还有多次选择的机会。

（3）不适应大学生活。从中学到大学，环境改变很大，无论是学习方面还是生活方面，乃至人际关系，都需要重新适应。例如，学习方面，中学老师讲得多，而大学要培养自学能力；生活方面，中学时受父母照顾多，而大学要培养自理能力。从心理适应讲，中学的优秀学生周围充满着赞扬声，优越感强，但到大学，优秀学生云集，自己原有的优势不明显，学习上遇到一点挫折就容易产生消极的自我评价而导致情绪低落。

（4）业余生活单调。大学生活仍然可以用"三点一线"来概括，学生的生活环境主要是教室、食堂、宿舍，生活相对单调，缺少足够的娱乐场所。而青年人处在长知识、长身体的阶段，好奇心强，精力充沛，对业余生活的多样化需求迫切，但常常得不到满足，因而缺乏生活的乐趣。

3. 大学生所在的社会环境因素

由于社会历史发展的曲折性，当前经济体制、人事制度发生跨时代的变革，人们思想理念、利益分配、生活方式也产生剧变，当代大学生成为这些变革压力的直接承受者。

总而言之，大学生心理问题与心理障碍产生的原因是多方面的，生物因素、心理因素、社会因素常常交织在一起，互相联系，互相作用，互相制约，某些先天因素的不健全，加上不良社会文化环境影响所造成的大学生心理发展中的异常状态，容易导致心理疾患。因此，保持和维护心理健康也应该从多种渠道入手。

（五）大学生心理健康的增进方法

增进大学生心理健康的途径包括社会的努力和大学生自身的努力两方面。

（1）社会层面。首先，应在学校教师、干部、医务人员中普及心理卫生知识；其次，加强大学生心理健康教学和宣传；再次，建立和健全心理健康教育、心理咨询机构；最后，加强心理健康教育专业化建设。

(2) 个体方面。

第一，努力学习心理健康知识。心理健康知识是大学生增进自我了解进而达到自我调节的理论武器。大学生可通过听心理健康课或讲座，阅读心理健康书刊等途径来接受心理健康教育，并注意把知识运用于自己的生活中。

第二，积极参加各类实践活动。人的健康心理是在社会文化交往、社会实践中形成和发展的，因而多参加人际交往、多参加社会劳动和各种社会活动，往往有利于锻炼心理、增强意志、丰富体验、发展才智，从而促进心理的健康和发展。

第三，培养良好的生活习惯。世界卫生组织认为有害健康的不良生活习惯主要有：①吸烟；②饮酒过量；③不恰当的服药；④体育运动不够或突然运动量过大；⑤吃热量过高和多盐的饮食及饮食没有节制；⑥不接受合理的医疗处理；⑦对社会压力产生适应不良的反应；⑧破坏身体生物节奏和精神节奏的生活。

第四，大力加强自我心理调节。心理调节是自我心理保健中最核心的一部分，离开了自我调节，心理保健就无从谈起。大学生自我心理调节包括调整认识结构、完善自我意识、学会情绪调节、锻炼意志品质、丰富人际交往、提高适应能力、塑造健全人格等。

第五，及时寻求心理咨询帮助。在维护和促进心理健康的过程中，大学生除了重视个体自我调节外，还应积极取得家庭、学校和社会的支持，争取亲朋好友的帮助，尤其是当心理负荷比较重，自己又不易调节时，及时寻求心理咨询机构的帮助是明智的选择。对于心理咨询，我们应树立一种正确的观念，即我们是因为出现了困惑，为了让困惑尽快地从我们的生活中消失，让自己心情放松，更快乐地生活，我们是因为对自己负责，才走入心理咨询中心的。

常见的心理咨询方式有：个别咨询、团体咨询、电话咨询和网络咨询等。心理咨询中，最重要的一条原则就是保密原则，换言之，心理咨询是在不危害个人和他人安全的条件下，咨询师对有困惑的来访者交流的内容和全部信息，都予以保密。

四、大学生心理健康教育的意义与内容

(一) 大学生心理健康教育的意义

心理健康教育，是指教育者根据人的心理活动规律，有目的、有计划、有组织地采取各种方法和措施，促进人的身心健康和发展，提高人的适应能力和生活质量的活动。大学生心理健康教育工作是适应社会发展的需要，是新形势下全面贯彻党的教育方针、实施素质教育的重要举措，是促进大学生全面发展的重要途径和手段。

1. 社会的变化需要个体适应的变化

随着外来文化从物质到观念的发展,严重影响我国传统文化的根基和当时计划经济为主导的社会制度,震撼着人们长期构筑的精神世界,造成一部分人认知失调和行为失范。同时改革开放使社会变迁速度明显加快,生活方式日益更新,日趋激烈的竞争在给人以机会展示潜能的同时,也增加了人们对环境的不适应感、失败感和恐惧感。心理冲突和心理异常同社会变革的激烈程度呈正比。人在沉重的心理负荷之下,最容易罹患各种各样的心理疾病。大学生正处于自我意识及人生观形成与稳定的关键时期,心理教育更具有重要的现实意义和实践意义。

2. 心理健康是高等教育的内在要求

高等教育的培养目标要求大学生应具有以下符合时代要求的基本素质:建设中国特色社会主义的坚定信念和开拓精神,迎接现代经济科学技术挑战的选择、获取、吸收新知识的意识和能力,适应现代化建设和社会改革要求的现代思想观念和思维方式,基本的文明素质和审美能力,参加社会实践的自觉性和必要的社会活动能力。

(1) 从培养目标来看,高等教育培养的人才既是社会主义的建设者,又是全面人格发展的接班人。心理素质是渗透在各个方面的,只有心理、情感、意志水平得到平衡发展才能达到上述要求,才符合我国现阶段的培养目标。

(2) 从大学教学过程来看,高等教育在教育任务、教育对象和教育内容几方面有不同于基础教育的显著特点,它的任务在于把大学生教育、培养为独立认识世界与改造世界的主体。大学教学过程中始终贯穿着3个特点:明确的专业目的性,或称职业倾向性;对大学生学习的创造性与独立性有更高的要求;把科学研究引进教学过程。

因此,健康的心理素质是高等教育的目标组成部分之一。高等教育不但有外在的政治价值和经济价值,而且要为培养全面发展的人服务,为人的自身发展服务。心理健康教育既体现高等教育的这两重价值,又与大学教学过程的本质、特点密切相关,是高等教育培养目标的内在要求。

3. 心理健康教育对个体成长的作用

心理健康教育不仅是社会历史发展对学校教育提出的客观要求,而且也是大学生个体成长的内在要求。

(1) 心理健康教育可以预防心理疾病。大学生的心理疾病的范围较广,且心理健康与不健康是相对的。大学生在日常生活中因某种原因出现的暂时的心理失常,如恐惧、烦恼、胆怯、孤独、敏感、多疑和焦虑等,一般不需要特殊处理,学生如果了解心理学的基本知识和对自我有正确的认识后一般都能通过自我调节而消减,不会产生持续的影响,但如果表现为意识障碍、智力障碍、情感障碍、意志障碍和人格障碍等就会使学生不能接受学校正确的思想政治教育、科学文化知识，还会导致与老师、同学的关系紧张，这就需要心理教育工作的干预和帮助，如进行心理咨询及各种治疗。

（2）心理健康教育可以减少心身疾病。心身疾病是一种主要由心理因素引起的躯体上的疾病，这种疾病的症状是生理性的，但其产生却没有直接的生理病因。心理疾病患者往往经历过情绪上的某种压力，长期的紧张或焦虑，尤其是气愤和恼怒，其他还有挫折感、忧虑无望和焦虑等。大学生正处在人体发育的高峰阶段，在生理发育的作用下，情绪很不稳定，个体心理机制若不健全，意志控制力就比较差，在这一阶段如不对不良情绪加以有效控制，容易造成心身疾病。积极的心理对身心健康的良好作用是任何药物都不能代替的。成功的心理健康教育措施完全可以减少和减轻大学生心身疾病的发生。

（3）心理健康教育有助于大学生健康人格的培养。人格是现实的、有特色的，是人经由社会化获得的，具有内在统一性和相对稳定性的个人特质结构，是人的思想和行为的综合。大学生的学习活动是一个高层次的思维活动，需要学生有健康的心理机制及健全的人格，以确保学生有明确的学习目的、坚定的意志、浓厚的兴趣、高度的注意力、良好的品德。但由于青年学生心理发展水平的不平衡性，会影响健康人格的形成。

（二）大学生心理健康教育的内容

高等学校培养的学生不仅要有良好的思想道德素质、文化素质、专业素质和身体素质，而且要有良好的心理素质。

《教育部关于加强普通高等学校大学生心理健康教育工作的意见》明确指出，高等学校大学生心理健康教育工作的主要任务是：根据大学生的心理特点，有针对性地讲授心理健康知识，开展辅导或咨询活动，帮助大学生树立心理健康意识，优化心理品质，增强心理调整能力和社会生活的适应能力，预防和缓解心理问题。帮助他们处理好环境适应、自我管理、学习成才、人际交往、交友恋爱、求职择业、人格发展和情绪调节等方面的困惑，提高健康水平，促进德智体美等全面发展。

高等学校大学生心理健康教育工作的具体内容如下：

（1）宣传普及心理科学基础知识，使学生认识自身的心理活动与个性特点；宣传普及心理健康知识，使大学生认识到心理健康的重要作用，特别是心理健康对成才的重要意义，树立大学生的心理健康意识。

（2）培训心理调适的技能，提供维护心理健康和提高心理素质的方法。

（3）认识与识别心理异常现象，使大学生了解常见心理问题的表现、类型及其成因，初步掌握心理保健常识，以科学的态度对待各种心理问题。

（4）根据大学生活不同阶段及各层次、各学科门类学生、特殊群体学生的心理特点，有针对性地实施心理健康教育。

第二节　大学心理健康教育课程性质与作用

　　大学心理健康教育课程应以活动为主，可以采取多种形式，包括团体辅导、心理训练、问题辨析、情境设计、角色扮演、游戏辅导、心理情景剧、专题讲座等。心理健康教育要防止学科化倾向，避免将其作为心理学知识的普及和心理学理论的教育，要注重引导学生心理、人格积极健康发展，最大程度地预防大学生发展过程中可能出现的心理行为问题。

一、大学心理健康教育课程的性质

　　大学心理健康教育可以分为三个层级：一级心理健康教育尽可能控制直至消除导致个体产生心理问题和心理疾病的各种消极因素，营造和谐健康的家庭、学校和社会环境；二级心理健康教育注重心理问题的早期发展和早期诊断，在学生心理问题还没有加重之前，进行及时干预，防止心理问题演变成严重的心理疾病；三级心理健康教育对已经患有心理疾病的学生开展心理咨询和辅导，帮助他们尽快恢复健康，防止发生心理危机事件。

　　心理健康教育课程是最常使用和最有效率的心理健康教育途径，是一级心理健康教育工作，根本上属于发展性辅导，在教学目标、教学内容、教学形式和教学评价等方面，都具有自身特点。

　　（1）教学目标——关注学生健全人格的养成。心理健康教育课程以发展性目标为主，以预防性目标为辅，直接目标是提升全体学生的心理素质，最终旨在促进学生人格健康发展。心理健康教育课不能停留在消除心理问题和应对心理危机上，更应强调学生心理潜能的开发和人格完善，培养学生形成心理健康观念，增强自我调适能力，形成有利于个性发展的心理品质。

　　（2）教学内容——培养学生积极心理品质。心理健康教育课程根据学生心理发展一般规律和普遍特点，结合学校和班级学生的实际情况，选择符合学生心理发展需求的教学内容，主要体现为培养学生积极的心理品质。在课程内容体系的构建上，心理健康教育课最大限度地体现了人本主义潜能论，落实以发展和预防为主、干预和矫正为辅的教学目标。

　　（3）教学形式——以情景体验和同伴分享为核心。传统学科教学强调教师对知识的传授，重视学生对知识的内化，而心理健康教育课注重学生在全身心投入的活动和体验中，获得感悟和成长。教师引导学生关注自己的心理，鼓励学生自我探索。促进学生自我探索，无法依靠教师的说教和灌输，需要创设情景开展活动。心理健康教育课开始需要"暖身活动"，其目的在于活跃班级团体氛围，促进学生勇于放开自我，积极投入辅导活动中。心理健康教育课往往创设游戏活动，在轻松、愉快的氛围中引导学生自我探索、自我体验、自我反思。心理健康教育课强调现场生成。心理健康教育课程重视学生对自身经验的认识和表达，因此教学现场会使用学生的真实案例，教学中学生随时可能报告自己的奇思妙想和丰富的生活经历。过于重视课前预设和课堂结构的完整性，会让学生有不畅感和挫折感，不利于学生自我探索和自我反思。

（4）教学评价——指向学生可持续发展。心理健康教育课的效果具有内隐性、滞后性和复杂性，对学生身心影响很难量化评价。考虑到心理健康教育课教学评价的特殊性，心理健康教育课要指向学生的可持续发展，重点考虑以下方面：

第一，评价标准既要符合有效教学的基本方向，又不能完全沿用其他学科课程标准的逻辑体系，要突出主体性、体验性和成长性等学科特点。

第二，目标评价着重以人格健全发展为依据，内容评价要考虑合理性，活动要促进学生持续发展，具有次序性、延续性、累加性等特点。

第三，过程评价注重是否具有良好、积极的团体气氛，团体是否建立了民主、平等、合作的人际关系，是否有广泛、良性的学生互动和师生互动。

第四，大学生评价注重是否积极主动投入辅导活动，学生自我卷入度如何，是否在自然、投入地扮演角色，辅导中学生是否有自我体验、自我开放和自我探索。

第五，教师评价注重是否能够创设、确立并维持一种安全和温暖的环境，以及令人信赖和理解的和谐气氛，是否鼓励学生相互分享、引导学生自我探索，教师扮演的角色是否到位。

第六，作业评价注重内容是否联系学生的生活实际，拓展、强化学生的知识、态度、行为。

二、大学心理健康教育课程的作用

（一）心理健康教育课程在学校教育中的作用

（1）维护学生心理健康。大学心理健康教育课可以促进学生系统地认识自我，发现自己的心理优势，察觉存在的心理困惑，了解自我发展的各种因素，掌握优化心理素养、解决心理问题的方法。

（2）提高教育教学质量。心理健康教育课可以发展学生的观察力、记忆力、思维力、想象力和创造力；激发学生的学习兴趣和学习动机，提高学习主动性和积极性；指导学生掌握有效学习策略，养成良好的学习习惯；帮助学生掌握压力应对策略和挑战应对策略。

（3）提升教师专业素质。大学心理健康教育课研究学生身心发展的规律，这是以学论教和以学导教的原理基础。广大教师只有将自己的教学搭建在这个原理基础之上，才能取得高效的教学成果。学习和掌握学生身心发展规律，正是教师专业发展的关键道路。

（4）促进全体学生发展。高校心理健康教育以面向全体学生发展为主要目标。提高全体学生心理素养，单靠面向少数学生的个别心理辅导和团体心理辅导难以完成。只有通过面向全体学生的心理健康教育课，才能实现这个目标。

（二）心理健康教育课程在班级建设中的作用

（1）增进学生间相互了解。在大学心理健康教育课中，同伴是学生自我的一面"镜子"。有时个体不能觉察到的自我，可以通过他人的状态和意见，通过成员间的倾诉和表露，得以清晰照见，这将有助于学生自我反思，更好地进行自我探索，与他人建立良好的人际关系。

（2）促进学生间分享经验。学生遇到困难或情绪低落时，往往伴随不合理信念，在心理健康教育课的团体互动中，学生发现别人也有和自己类似的体验和想法，这有助于学生降低孤独感和面对问题的恐惧感。同时，聆听同伴分享问题解决的经验，有助于学生模仿学习，增强解决问题的效能感。

（3）分享多元价值观。不同学生有不同的成长背景，对于问题持有不同的观点。这些不同经验和不同观点所带来的多元信息及其背后的多元价值观，为学生提供了丰富的学习体验，有助于学生从不同角度理解他人和世界。

（4）提供有效的行为反馈。在大学心理健康教育课中，学生有机会听到同伴对自己的看法和对问题的建议。当很多人给学生提供类似的行为反馈，就会对学生的行为产生影响，这种团体教育要比教师直接教育具有更强的影响力。

（5）提高学生问题解决能力。班级是社会的缩影，是学生社交的真实场所，也是学生学习解决实际问题的场所。心理健康教育课以学生面临的实际问题为教学内容，以解决问题为主要目标，有助于提高学生的适应力和问题解决能力。

第三节 大学心理健康教育课程的理论支撑

大学心理健康教育是一种多层次多方面的教育活动，这个过程涉及学生的大脑状态、班级的团体氛围、家庭、社区和文化等多种要素。在微观层面，教师需要了解学生大脑的结构和运作规律，尤其是与教学活动关系密切的情绪主题。通过探明神经联结、神经可塑性和神经递质等大脑结构与功能，教师可以将课程设计建立在学生最为基本的心理运作机制上。在中观层面，教师需要了解班级团体的动力机制，包括团体氛围、团体凝聚力和团体领导者。这些团体动力学的原理有助于教师选择合理的活动序列和活动素材。在宏观层面，教师需要了解影响学生发展的个体成熟因素、人际和组织因素、家庭和社会因素。当具有这种全面和系统的视角时，教师就能考虑到各层次和各方面的影响因素，协调各种积极和消极的影响力量，调用各种显性和隐性的教育资源，设计出最优的心理健康教育课程。

一、脑神经科学理论

心理品质是大脑神经机能的体现。神经系统的结构、功能、发展、基因和生物化学性质，是理解人类行为、认知和情感的核心。学习、记忆、思维、想象、情感等心理健康教育主题，都建立在神经调节和控制的基础上。科学的心理健康教育课设计聚焦于学生如何学习，并充分考虑脑神经的特点和规律。

21世纪以来，脑结构和脑功能扫描技术日益成熟，科学家可以通过磁共振成像（MRI）、正电子发射断层扫描（PET）、功能性磁共振成像（fMRI）、脑电图描记（EEG）、经颅磁刺激（TMS）等技术，对脑神经的特点和运作规律进行研究。虽然关于大脑，至今还有很多未解谜团，但是近年来脑神经科学的很多研究发现已经成为教育规划和课程设计的重要依据。

（一）神经联结

人类的神经系统由数以亿计的细胞构成，这些神经细胞彼此联结，形成中枢神经系统和外周神经系统。中枢神经系统由大脑和脊髓构成，神经元是大脑信息加工的基本单位。

每个神经元都由一个细胞体、很多树突和一个轴突组成。细胞体负责提供能量，维持神经元的生存和繁殖。树突是细胞体上的树枝形纤维，它们数量众多，能够接收来自很多其他神经元的信息输入，并将这些信息传递给细胞体。轴突是细胞体的延伸部分，它们形态细长，负责将信息从细胞体传给其他神经元。神经系统借助神经元树突和轴突的联结，可以在几毫秒内，实现大脑和双手之间的信息传递。

一个神经元与另一个神经元的连接处，称为突触。不同类型和强度的刺激，会引发突触形态的变化，这是学习和记忆的基础。微弱而短暂的刺激，可引发几分钟至几小时的突触形变，从而使大脑产生短时记忆。强烈而持久的刺激，引发蛋白质合成，促使突触形态固化，提升信息传递效率，最终使大脑产生长时记忆。

大脑发育需要丰富的环境刺激和活动经验，心理健康教育课设计要考虑视觉、听觉、触觉、味觉和运动等多种感官体验，从情感、认知、身体和人际交往等多个层次提供发展机会，在任务驱动和人际合作中，激发学生积极主动地投入心理课程之中。

（二）神经可塑性

成人的大脑神经联结会因练习而发生改变，视觉、语音辨别等能力可以通过补救训练，获得功能改善。如今人们更多使用"敏感期"（sensitive period）而非"关键期"，来描述大脑的这种发育特点。表1-1列出了不同心理能力与脑区的关系①。

表1-1 不同心理能力与脑区的关系

	心理能力			
	认知能力	技术能力	关系能力	情绪能力
主要功能	思考	动手	交流	感受
功能模式	逻辑和推理	运动和智力	言语和非言语	非理性和冲动
学习方法	认知性	程序性	经验性	联想性
记忆	陈述性记忆	程序性记忆	关系性记忆	情绪性记忆
相应脑区	海马体和大脑皮层	大脑皮层、梭状回、小脑	大脑皮层	杏仁核和前额叶

学习和训练不但会引发心理变化，还会引发生理变化，我们将这种现象称为神经可塑性，即新的经验能够重组和改变大脑的结构和功能。换言之，学习信念和认知极大地影响着大脑和学习。因此，心理健康教育课要帮助学生形成积极乐观的解释风格，对学习和生活抱有向上进取的态度，养成终身学习的信念和习惯，同时给予学生深度思考的时间，让学生赋予生命以个人意义。

（三）神经递质

大脑神经元之间并不直接相连，它们不是通过电信号，而是通过突触化学信号，实现信息传递。携带信息穿越突触间隙的化学物质，就是神经递质。研究者在大脑中已经发现了100多种神经递质。一些神经递质刺激神经元兴奋，一些神经递质抑制神经元兴奋，还有一些神经递质既有刺激作用，又有抑制作用。这些神经递质对我们的情绪和感觉，具有重要影响。

人们总是先处理感觉，然后才进行思考。受神经递质的调节，学习在适度挑战中得到

---

① 刘宣文，赵晶. 学校心理健康教育课程设计与教法 [M]. 北京：中国人民大学出版社，2020：27.

提升和增强，在威胁、紧张和高压下受到抑制。重复的压力会导致大脑海马体区域的树突萎缩，持续而剧烈的压力会降低记忆能力。当学习环境让学生感受到威胁和焦虑时，大脑就会进入应激状态，产生战斗或逃跑的自主反应，无法保持专心，无法进行学习和思考。对此，心理健康教育课应特别注重团体氛围和团体关系，创设高挑战、高新奇、低威胁、低焦虑的团体环境，满足学生安全、归属和尊重等基本需求，减少可能造成学生应激反应的因素，为学生营造一个放松、友善、鼓励挑战、容纳错误的成长空间。

综上所述，脑神经科学对课程设计和教学有以下启示：第一，成人已经拥有数量相当的神经元，其发展重点在于形成与其他神经元交汇的突触网络；大脑各区皮质发育速率不同，感官皮质比组织思考皮质优先成熟，因此感官训练应先于思考学习。第二，突触的存留取决于突触被激活的频率与程度，因此，学生主动投入、经常练习的学习成果总是被优先保留。教学应以学生熟悉的事物为起始，从微系统的生活能力培养拓展至大系统的社会适应。第三，学习终身有用。部分感知能力，如语音辨别的能力，虽有较佳的教育时机，但成人大脑仍具可塑性，人们不应因错失敏感期而忽略给学生提供学习的机会。第四，环境的刺激对大脑具有滋养作用。人类的大脑皮质终其一生都会随着经验而发生改变，不断学习与适应环境是大脑的本质。第五，学习过程的增强与回馈将促发多巴胺的分泌，巩固学习的联结，特别是立即、具体多元的回馈。

随着脑神经科学的发展，我们能够更为细致地理解学生行为背后的神经原理和大脑机制。这些原理和机制有助于我们设计出更为科学有效的心理健康教育课。

二、团体动力学理论

"团体动力学"概念是用以探索团体发展规律、团体内在动力，以及团体与个体、团体与团体，以及团体与整个社会的关系。团体并非大于个体之和，而是不同于个体之和。团体的本质不在于个体之间的相似或差异，而在于个体作为成员，彼此之间的影响和依存。团体的结构特性由成员之间的相互关系决定，而非由单个成员本身的性质决定。

心理健康教育课程的最大特点，是学生在团体环境中学习。团体并非个体的简单叠加，而是作为一个整体，具有独特的运作规律。与个体的松散集合相比，团体有三个特征：团体成员具有共同目标，团体具有特定组织和规范，团体成员之间有互动。

心理健康教育课的设计必须考虑团体的影响，尽量减少团体学习的消极因素，引导团体学习的积极因素。团体动力学有很多典型的研究主题，团体凝聚力、团体领导者和团体氛围是心理活动课设计尤为关注的主题。

（一）团体凝聚力

团体凝聚力是团体对成员的吸引力、领导者对成员的吸引力以及团体成员之间的吸引力，这种具有"我们"感觉的吸引力，一方面由团体领导者的领导风格、团体的活动定向、团体的外部压力、团体组织结构等因素决定；另一方面由成员的动机与需求、成员对团体的期待与认知所决定。

团体凝聚力越强，对团体成员的影响力越大。团体在很大程度上影响个体的认知和态度。成员在凝聚力强的团体中，倾向于按照团体规则和要求行事，在行动上与其他成员保持一致。

团体凝聚力是心理健康教育课程能否成功的重要因素，凝聚力强的团体有七个特征：①团体的团结不是由外部压力造成，而是来自团体内部；②团体内的成员，没有分裂为相互敌对的小团体的倾向；③团体本身具有适应外部变化的能力，并具有处理内部冲突的能力；④团体成员彼此之间有强烈的认同感，成员对团体有强烈的归属感；⑤每个团体成员都能明确团体的目标；⑥团体成员对团体的目标及领导者持有肯定的、支持的态度；⑦团体成员承认团体的存在价值，并具有维护此团体继续存在的意向。

当团体具有高凝聚力时，成员会努力达成团体目标，更加认同在团体中的角色和地位，更愿意接受团体管理和规范，更愿意投入团体活动中。在高凝聚力的团体中，成员彼此关怀，互动更加开放，在其中获得的社会支持更多。

团体的内部影响因素包括团体规模、成员结构、团体形象、团体目标、团体规范、人际互动、团体领导、团体氛围等；团体的外部影响因素包括社会文化、竞争压力等。在设计心理健康教育课时，要充分考虑影响团体凝聚力的这些因素，进行权衡协调。

（二）团体领导者

团体领导者是在团体运作过程中，带领和指引团体成员，实现团体目标的人。在多样化的班级中，学生拥有不同的家庭背景和人格特质，在行为模式和互动模式上有很大差异。心理健康教育课中，教师是团体的天然领导者，要保持真诚与一致的态度，倾听不同意见，共情不同感受，引导团体的冲突力量用于问题解决，和成员共同成长。

团体领导者对于心理活动课的成效，具有举足轻重的作用。在心理健康教育课中，教师犹如交响乐团的指挥，具有决定团体基调、引导团体发展的重要作用，主要肩负以下三项职责：

（1）营造开放而安全的团体氛围。心理活动课最大的优势，在于学生能够在模拟情境中，安全地探索现实生活中可能遇到的问题。教师要保证团体互动情境与真实社会生活之间的同质性与相似性，同时还要保证学生在尝试各种问题解决方法时，受到的冲击处于可控范围之内。当学生想要表达时，教师要给予积极的鼓励；当学生可能受到伤害时，教师要维护学生的心理安全。

（2）调动全体成员积极投入团体活动。在心理活动课中，个体成长在人际互动中发生与实现。教师要主动协调影响团体凝聚力和团体氛围的各种因素，关注每位成员的想法和感受，鼓励他们真诚表达，做出与旧有人际互动模式不同的行为方式，从领导者和成员的反馈中获得成长的洞察和感悟。

（3）用示范性方式参与和引导团体活动。在由学生组成的团体中，教师拥有天然的权威和地位，言行在团体中更具影响力。教师要具有领导者意识，明白自己的言行不仅是针对个体的示范，更是面向全体的示范。无论是引导成员做出适当行为，还是纠正成员的不当行为，教师都要以身作则，时刻为成员提供可以学习模仿的榜样。

（三）团体氛围

在不同领导风格的影响下，成员会形成在团体中互动行事的某种共识。这种共识用言语或非言语的方式表达出来，就形成团体的氛围。在团体发展的不同阶段，团体氛围会有所不同；而不同的团体氛围，也会影响团体的发展趋势。团体领导者的核心任务，就是调节和引导团体氛围。优秀的领导者能够营造出与团体目标相一致的团体氛围。

团体氛围对个人的影响可能是正向的助力，也可能是负向的阻力：在心理辅导课上，如果教师认真营造出一种温暖、安全和接纳的气氛，那么班级成员就能够做到自由表露、相互反馈、解除心理防卫、认真探索自我，以促进个体的成长，此系团体助力所起的积极作用；如果教师的前期工作没有做好，师生之间相互信任的辅导关系没有建立起来，学生感到有压力或者感到无章可循，那么团体成员发展就会产生阻力。

团体氛围有各种类型，根据凝聚力的变化程度和性质，大部分团体氛围处在防卫和接纳两极之间。在接纳的团体氛围中，成员彼此真诚关怀，不带评价地倾听他人，不轻易插话和打断他人，能够共情他人的想法和感受，支持他人的自我表露。成员在接纳的团体氛围中，会产生强烈的归属感，表现出较高水平的合作沟通意愿，坦诚地开放自己，希望增进成员之间的信任和理解。而在防卫的团体氛围中，成员或是表现默然，或是会评论他人，表现出一定程度的优越感，彼此试图说服与支配对方，具有敏感的自尊，固执己见，隐藏自己的真实想法，无法觉察自己和他人的真实感受。

团体氛围主要体现为团体成员之间的沟通。教师在团体中要示范良好的人际互动模式，多使用好奇、描述、共情、平等、尊重、协商式的沟通语言，减少控制、评价、防卫、专断、优越式的沟通语言。

三、发展生态学理论

心理健康教育课程的设计要考虑学生发展特点。发展在时间维度上是毕生的，包括一生的适应和成长，也包括一生的削弱和衰退。发展在内容维度上是多样的，每个年龄阶段都有特定身心发展主题，包括生理、个性、社会情绪、认知和语言等内容。同时，发展在环境维度上，受所处特定文化背景影响，包括家庭、同伴、学校和时代等因素。学生心理发展在与他人和社会文化持续互动中，作为整体逐渐完成。心理社会发展理论、生态发展理论和积极心理学体现了这些现代发展和教育的观念。

（一）心理社会发展理论

学生在发展中会面临挑战，如果能顺利应对这个挑战，心理就会得到成长；如果无法应对挑战，心理发展就会停滞。个体发展可以划分为八个阶段，每个阶段包含一个发展任务，这些发展任务为"主要德行"，可以用来概括人在一生各个阶段充满生机的某些品质和主要的生命力量，这个发展任务为我们设计心理健康教育课程，提供了内容架构。下面分析与心理教育设计密切相关的前五个阶段：

（1）信任对不信任。第一个发展阶段是信任对不信任。在大学生入学的第一年，如果受到温暖而敏感的照顾，他们就会产生愉悦和安全感；如果受到忽略和冷漠对待，就会产生不信任的感受。

（2）自主对羞怯。第二个发展阶段是自主对羞怯。大学生能够充分利用语言与他人交流，开始产生自主掌控的需求。如果家长能够支持学生，让他们自由探索，独立完成自己的事情，他们就会产生自主感；如果家长过分严苛，限制他们独立行动，学生就会产生挫折感和无力感。

（3）主动对内疚。第三个发展阶段是主动对内疚。当代大学生对世界充满好奇，有饱满的精力来探索环境。如果师长允许学生安全地进行探索活动，他们就会获得主动性；如果师长过于强调规范和纪律，他们就会从惩罚和约束中，感受到内疚。

（4）勤奋对自卑。第四个发展阶段是勤奋对自卑。大学生进入大学后，拥有了更为丰富的发展资源，他们希望在这个广阔的天地中完成任务，获得成就感。如果学校能够提供多样化的舞台，学生就会找到自己勤奋的发力点，获得对生活的掌控感；如果学生无法达成他人设定的成功标准，总是体会到失败和失落，就会形成消极的自我概念，产生自卑感。

（5）同一性对角色混乱。第五个发展阶段是同一性对角色混乱。青年大学生开始思考自己和他人的异同，对各种自我概念进行统整。如果他们对"我是谁"和"我将成为什么人"有清晰的认识，就会达成"自我同一性"；如果他们无法就此获得新认识，就会处在角色混乱状态。

(二) 生态发展理论

人的心理是一个开放系统，发展所处的各种环境，塑造着人类心理的特性，而且各种环境之间由于文化的作用，形成密切联系。布朗芬布伦纳据此提出生态发展理论，来解释不断成长的有机体与其所处的不断变化的环境之间相互适应和相互改造的过程。这些影响个体发展的环境，分为以下五种类型：

(1) 微观系统。微观系统包括学生自身的身心特征，以及家庭、同伴、学校和居住地等，这是学生投入大量时间的环境系统，父母、教师等与学生密切接触的人都处在这一层，构成学生发展的微观系统。在微观系统中，学生是所处环境的积极参与者，他们和各种因素遵循双向互动原则。例如，父母教养方式影响学生发展，而学生人格气质则会影响父母教养方式。师生关系和同伴关系也是如此。

(2) 中间系统。中间系统是两个或多个微观系统之间的联系，如家庭、学校、社区、父母工作场所之间的联系。如果微观系统之间是支持性或补充性关系，那么环境对学生发展就会产生积极影响；如果微观系统之间缺乏联系，或者是非支持性联系，那么环境可能对学生发展产生消极影响。家校关系就属中间系统。

(3) 外部系统。外部系统是指学生虽然没有在其中发挥主导或积极角色，却受其影响的环境，如大众传媒、社会福利服务、法律服务、健身场地和文化场馆等。从家庭层面看，家长的文化水平、职业状况、经济收入和社会地位等属于外部系统；从学校层面看，教师的专业素养、兴趣爱好、人际交往模式等属于外部系统；从社区层面看，地域的经济水平、管理者的教育观念、社区人员的生活习惯和人际交往方式等属于外部系统。

(4) 宏观系统。宏观系统是指学生生活的文化环境，包括学生所处的社会经济地位、群体习俗习惯、地域价值观念和社会信念系统等。所有微观、中间和外部系统，都是在宏观系统的广阔背景下得以存在。

(5) 时序系统。时序系统是学生发展所处的社会历史状况，例如，改革开放、计划生育政策、互联网浪潮等，这些影响分成两类：生涯轨迹因素和生涯意外因素。生涯轨迹因素包括大多数人生命发展中的常规事件，包括入学、入职、婚恋、退休等；生涯意外因素包括各种突发事件，如亲人的生、老、病、死、离异、迁居、彩票中奖，等等。

近年来，这种多层嵌套式的发展理论，引发心理健康教育对多元文化的重视。一方面，生态发展理论让我们从社会系统的角度来理解人类行为，更为全面地考察一个人发展的各种影响因素；另一方面，生态发展理论提醒我们，心理健康教育课的设计，不但要关注课堂中看得到的情况，还要关注学生的同伴群体、家庭社区、地域时代发生的事情。

教师要意识到每个学生家庭和社会背景的差异性，了解各种环境对学生产生的影响，尊重学生群体具有的文化、信仰和价值。同时，反省自己如何受文化背景和信仰观念影响，形成特定的心理健康教育观和学生发展观。

（三）积极心理学理论

积极心理学不仅关注疾病，也关注人的力量；不仅要修复损坏的地方，也要努力构筑生命中美好的东西；不仅致力于治疗抑郁痛苦的创伤，也致力于帮助健康的人们实现人生价值。

1. 积极心理学的特征

积极心理学，是指对生活中的美好部分进行的科学研究，具体关注积极的主观体验（幸福、愉悦、感激、成就）、积极的个人特质（个性的力量、天分、兴趣、价值）、积极的机构（家庭、学校、商业机构、社区和社会）。积极心理学的研究重点是人自身的积极因素，其主张以人固有的实际的、潜在的、具有建设性的力量和美德为出发点，强调心理学不仅要帮助处于某种"逆境"条件下的人们知道如何求得生存和发展，更要帮助那些处于正常境况下的人们学会怎样建立起高质量的个人生活与社会生活。积极心理学带来的好处在于：发现并发挥自身的优势；教人们从正面提出问题；培养积极的心态；塑造健康的身心模式。积极心理学特征主要有以下方面：

（1）倡导积极的取向。积极心理学是致力于研究人的发展潜力和美德等积极品质的一门科学，积极心理学从关注人类的疾病和弱点转向关注人类的优秀品质，将散落在心理学领域中的有关积极内容的研究集合在一起，用客观实证的方法来探索人类的积极品质和力量，倡导人类要用一种积极的心态来对人的许多心理现象做出新的解读，并以此来激发每个人自身所固有的某些实际的或潜在的积极品质和积极力量，从而使每个人都能顺利地走向属于自己的幸福彼岸。

（2）促进了价值回归。积极心理学在发展的过程中，除了注重挖掘个体的积极品质、塑造个体的积极品质外，还非常注重个体价值的实现、个体在社会当中的发展，这转变了心理学的研究方向和范围，心理学研究不再执着于消极，开始研究价值层面。积极心理学除了属于技术科学外，还具备人文关怀，还属于人文关怀科学的范畴，它对人类幸福的关注使心理学重新具备了研究价值，直接促进了价值的回归。

（3）坚持科学的实证。积极心理学的研究方法是在"扬弃"其他心理学分支研究方法的基础上发展而来的，具有个性化的研究方法。另外，积极心理学的研究方法实现了人文思想和科学技术的双重结合，既凸显了以人为本的中心思想，重视探讨人性中积极乐观等正面心理机制，同时又将操作性定义、评估方法、实验方法、干预手段、结果验证等科学方法引入到研究过程中，做到了科学性与实践性的有机统一。

2. 积极心理学的功能

积极心理学具有积极增进、积极预防和积极治疗三大功能，这些功能都是通过积极干预，即培养积极情绪和增强积极人格来实现的，具体如下：

（1）积极增进。不能将没有心理疾病等同于心理健康，心理健康的要求更高，它要求人的心理及人的精神应该处于有生机、有力量的强劲状态，积极心理学要帮助有心理障碍的人士以及心理正常的人过上幸福度高、生活丰富的人生。

（2）积极预防。如果能够在人的心理处于较好心理状态时积极预防心理疾病出现，那么在人的心理成长发展过程中将会避免很多麻烦。积极心理学通过研究发现，人的乐观向上、积极勇敢、诚实坚定，人的休闲，人对现实主义的追求、对未来的期待等，这些人格特质都能有效地预防心理疾病的出现，还可以缓解心理疾病的发展。如果个体能够认识这些人格特质，并且增强这些人格特质，那么将能够在很大程度上避免心理疾病。

（3）积极治疗。积极治疗是除了治疗创伤外，还要让个体意识到积极人格力量的影响。积极心理学指出，帮助个体认识优秀的人格力量，帮助个体培养诸如乐观、积极、勇敢这样的人格力量能够缓解个体的心理疾病痛苦，有助于从根本上解决心理疾病。

3. 积极心理学的价值

（1）平衡心理学价值。积极心理学在研究心理学内容、心理学的发展方向时，始终遵循科学的方法和原则，注重人们积极心理品质方面的研究，追求人类生活的幸福以及人类生活的和谐。积极心理学认为人们在经历困难时要注重思考，但是，人类在顺境的生活中也要思考自己周围的人和物。积极心理学对积极品质积极力量的研究使心理学价值实现了平衡。

（2）完善心理学功能。积极心理学对当代心理学功能的完善体现在以下两个方面：

第一，通过正向的心理评估与测量实现对人的全面理解。评估和测量是心理学的重要功能之一，积极心理学的兴起使得心理学的评估和测量变得更加全面、更加准确。积极心理学提供的是正向的心理评估与测量技术和标准，因此，积极心理学的出现可以做到对人的全面理解，从而实现心理学功能的完善。

第二，通过积极心理或行为干预体现真正的健康关怀理念。人的发展主要依靠自身具有的积极的积累，而不仅是问题的消除。积极干预是通过增强人的积极力量或积极品质，来实现问题的消解以及对健康心理的维护。积极干预不仅帮助人们消除了问题，而且还开发出了人类自身的积极品质。

（3）拓展心理学应用。从当前的发展态势来看，积极心理学不仅在心理学领域里取得了巨大的成就，而且其思想已经渗透进了多个社会领域。

第一，积极心理学和管理学的融合主要注重积极组织行为学研究。积极心理学进行了大量实际研究，主要讨论员工乐观、坚韧及希望的积极心理状态对员工日常工作中的绩效、承诺及行为的影响。研究结果表明，员工的三种积极心理状态会对员工日常工作中的绩效、承诺及行为产生积极的影响，状态越佳，积极影响越明显，而三种积极心理状态合并而成的心理资本与后者的影响同样呈现出正比关系。

第二，在经济领域中，积极思想也取得了卓越的贡献。收益和损失是经济学对经济行为结果的两种不同定论，同样可以反映出不同人的心理状态。在实际生活中，人们往往会在利益结果上做出两种选择：①为了获得高回报收益而铤而走险；②为了获得可接受范围内的理想收益而规避风险。

第三，积极心理学在教育学领域的应用主要表现在积极教育。从教育的初始阶段就充分"激活"并注意保护受教育者的积极因素——天生的求知欲、自我意识和自我实现的进取心，因势利导地进行适当的教育，通过得到积极体验从而开发受教育者更大的积极潜力，那么学习过程就会变得非常愉快，成为又一次的积极体验。在教育学领域积极引入积极心理学的方法，与过于关注培养、发现学生应试能力以及改进学习问题的传统教育方式形成鲜明对比，逐渐成为各学校积极探索教学新模式的首要选择。

综上所述，积极心理学是近年来具有长远积极现实意义、适应现代社会发展的新型学科，在释放负面情绪、负面压力，激发动力和正能量方面将发挥重要作用，并将逐步渗透到社会学、教育学、经济学、管理学等重要领域，成为心理健康培养的重要内容。

4. 积极心理学的领域

（1）积极的人格特质。

第一，潜能。潜能，也称能力倾向，是在当前发展阶段已经显现出的一种潜在的、有助于某项活动顺利进行的可能性。潜能不会自动成为现实的能力，这种可能性必须通过学习、培训及其他手段才会变为实际能力。

潜能是人类具有但是暂时被人类忘记的能力，潜能存在于人类的潜意识当中，人类的潜意识中包含很多遗传基因，例如生存的本能、控制人类生存的自主神经系统功能。简单而言，就是人类过去掌握的最优质的生存信息都储存在潜意识中，因此，如果能将潜意识开发出来，那么愿望在理论上来讲都可以实现，但是潜能具有隐蔽性，因此导致潜能并没有被每个个体充分地利用。

人的潜能主要包括两方面：一方面是生理潜能，指的是人生理方面的组织状况，尤其是人的脑部神经结构、脑部神经机能，生理潜能具有的特点是它是人类演化过程当中对经验的积累、沉淀和浓缩，并且内化成生物基因的方式随着人类的繁衍而遗传，在遗传的过程中不断巩固，一直延续至今。对人的潜能来讲，生理潜能是基础，人潜能素质的提升必须依赖生理潜能。另一方面是心理潜能，是人心理活动发展依赖的稳定的心理品质、内在的心理品质及深层的心理品质。心理潜能是心理活动能够开展的根本动力，心理潜能主要包括两个层次：其一，内在驱动倾向性心理素质，主要包括个体需要、个体兴趣以及个体动机；其二，内在自我调控性心理素质，主要包括激励功能、调控功能，它的作用是对潜能结构活动的状况加以影响、制约。

如果个体的心理素质健康、优良，那么个体的心理也会处于积极向上、奋发图强的状态。健康的心理素质要求心理活动发展依赖的必须是内心深处的稳定的心理品质，健康的心理素质为个体的心理活动设置了标准的强度指标、任务指标、稳定性指标及灵活性指标。在潜能结构中，个体心理素质处于心理动力倾向性层面，是潜能结构发挥创造功能的动力，推动潜能结构充分创造。

第二，乐观。积极心理学强调人最难改变的是看待事物的视角，快乐与否在大多数情况下取决于主观意识；态度不同，心情自然也不同。乐观是世上人、事、物皆快乐而自足的持久性心境。心理学中对于乐观的定义主要包括乐观人格倾向和乐观解释风格两种。

乐观人格倾向也经常被称作气质性乐观。乐观人格特质相比于其他的人格特质是比较稳定的。乐观的状态表示人们始终对未来发展抱有期待。乐观人格倾向理论指出人是连续体，在连续体的两端分别是乐观者和悲观者，乐观者始终认为未来发展是好的，悲观者认为未来发展是坏的，他们表现出了非常明显的乐观倾向或者是悲观倾向。乐观型的人格特征能够让个体产生一种良好的自我激励。

人们认为乐观属于解释风格。解释风格是个体在解释成功或者解释失败时主观上的明显倾向。通常情况下，可以把解释风格分成两种不同的类型：其一，乐观解释风格，这种风格的个体会把自己遇到的悲观事件或悲观体验理解成是外在因素或者特定因素或暂时因素的影响，这些因素没有普遍意义；其二，悲观解释风格，这种风格的个体会把自己遇到的悲观事件或体验理解成是内在因素稳定因素及普遍因素的影响，乐观解释风格理论强调人之所以乐观是因为他对事件产生原因的理解模式不同，每个人的认知不同会有不同的归因模式，进而表现出来的个体人格特征也不同。

乐观人格倾向与乐观解释风格的共同点是它们认为，乐观的人格特质是稳定的，它们的不同点在于对乐观的理解角度有差异，乐观人格倾向认为乐观是因为个体对未来发展抱有期望，从直接角度对乐观进行诠释。但是乐观解释风格从一个人对事件的归因模式来定义乐观，也就是说是从间接角度出发对乐观进行的诠释。总的来说，乐观的概念是：它是非常重要的人格特征之一，它受到归因模式的影响对未来发生的事情有了积极期待，能够调控人的心理和身体的健康，对于心理和身体的健康发展来讲，乐观是至关重要的内部资源。

乐观者具有的特征一般包括：①接纳、认可自己。乐观的人首先要对自己采取一种肯定的评价态度，能够自我认可、自我接纳。②包容他人。能够对他人采取包容的态度也是乐观者的一个特征。乐观者在与他人相处时，通常能够较多地认识到别人的优点和长处，体谅别人的情绪感受，并能乐于同他人交往，能够在与他人的交往中获取有益的知识和经验。③能够从积极的角度思考问题。乐观者常能够以辩证的态度看待周围世界和客观事物，从积极的角度思考问题，在低谷中看到转机。意志坚强的乐观者面对诸多问题，总是抱着仍有可为的态度，遭遇变故会变得更加坚强。④具有坚定的信念。乐观者对于自己认准的目标非常执着和忠诚，不会因为一两次失败动摇自己的信念。

第三，自我独立思考能力。自我独立思考能力是积极的人格特质中一项较为重要的特质，一个人对问题是独立思考还是依附于他人，对这个人的成长起决定性的影响。自我独立思考能力与先天条件、成长环境、后天学习与激励三个方面有着密切的关系。除此之外，后天的社会价值观念的影响和生活经历的磨炼也会影响自我独立思考能力的成长和提高。

第四，美德与力量的分类。积极品质研究的最大的成果是对人类美德与力量的分类，这不仅是对人类积极品质的明确，也是对不同版本的精神障碍与统计手册的正向补充，其展示的是跨文化背景中一致认同的力量与美德。

第五，自我决定论。自我决定理论企图为人们的自我组织行为及社会行为设定一个基础，基础包括个体的基本动机、个体的发展、个体的社会心理，并为基础的规定提供准确的经验数据。自我决定理论先做了一个假设，如果个体存在基本需要，那么个体在社会当中的人际关系会影响个体心理需求的满足。如果个体不能够表达自主性，不能够表达自己的能力与归属，那么个体可能就不会出现表达内在动机的行为，他们的成长能力也会受到一定抑制影响。

第六，创造力与天才培养。创造力与天才培养。创造力是产生新思想，发现和创造新事物的能力，是成功完成某种创造性活动所必需的心理品质，也是现代社会人才培养的重要内容。作为积极心理学的重要研究内容，创造力主要表现为发散思维和变通能力，因此，天才往往具有极强的创造力，他们在自己擅长的领域能够表现出极强的积极主动性和创造性，而这种天生的能力和属性大多与生活和家庭环境有关。

（2）主观的幸福感。

幸福是一种主观体验。心理学家以个体的主观判断标准来界定幸福，即认为幸福就是评价者根据自己的标准对其生活质量进行的综合评价。"主观幸福感"是指评价者根据自定的标准对其生活质量进行的整体性评估，它是衡量个人生活质量的重要综合性心理指标。个体主观幸福感的核心内容是对自己生活的总体满意感，即个人对自己的行为和整个生活质量是满意的，而且这种满意感是全面、深刻、稳定、长久的。另外，幸福虽然是主观的感受，但并不是主观感觉，幸福不是想出来的，而是做出来的，是在做事情过程中产生出来的积极情感与认知。

主观幸福感包括三个特性：第一，主观性。它存在于每个人自我的经验之中，对自己是否幸福的评价主要依赖个体自己定的标准，而不依赖他人或外界的标准，人们可能具有同等程度的幸福，但它们的实际标准却是不一样的。第二，稳定性。个体的主观幸福感是一个相对稳定的值，具有跨情景的一致性，反映的是个体长期而非短期情感状况和生活满意度。第三，整体性。主观幸福感不是指个体对其某一个单独的生活领域的狭隘评估，而是指个体对其生活的整体评价。例如，要了解某个人的生活满意度，并不是仅仅询问其对工作或家庭等某个方面是否满意，而是要了解他对生活总体的满意度。总之，主观幸福感是个人所具有的一种独特的心理状态，是一个人积极体验的核心，同时也是其生活的最高目标。

幸福是一个人积极体验的核心，同时也是其生活的最高目标。幸福的核心内容是对自己的总体满意感，这种满意感是全面且深刻、稳定而长久的，所以对身心健康具有较大影响，幸福虽然是主观的感受，但它是行动产生的积极情感和认知，幸福在于在做正确的事情的过程中实现了自我潜能，获得了安全感、幸福感以及个人成长。同时，幸福有别于快乐，是一种比快乐更加高级和复杂的情感，快乐是即时的，与正面刺激有关的身体反应，在快乐面前人是被动的，快乐不一定幸福，快乐有时甚至是对幸福的损害。

心理学认为，幸福是人类的需求得到满足后或人类的理想实现时人类的情绪状态。幸福是非常复杂的，涉及多种层次的情绪，它需要心理因素，例如情感、兴趣、爱好等和外部的因素共同作用才能形成，每个人对幸福都有自己的标准，人们会对自己的生活质量有一定评估，对于生活质量的评定来说，幸福是一项非常重要的指标。

人情感上的幸福会对人的免疫系统产生有利影响，如果个体相比于其他人有更高的幸福感，那么个体能够获得的幸福体验也是更强烈的，个体的免疫系统也会更高效地工作。微笑能够让人获得更加积极的情绪体验，提高免疫系统的免疫功能，这足以说明情绪能够影响人的免疫系统，如果人的主观情感是幸福的、是积极的，那么人也会更加健康。幸福是个体获得的一种主观体验。个人一旦体验到生活的意义就产生了幸福感。

第四节　互联网+时代大学心理健康课程改革方向

"在当今时代，可以运用于大学生心理健康课程的互联网资源异常丰富，且搜集难度较小。而大学生是互联网+时代高新科技的享有者，其可以从网络渠道快速获得丰富的信息资源，知识获取渠道较为灵活多样。"① 受繁杂海量的信息影响，大学生心理变化复杂程度也不断提升。一方面，互联网+时代的到来，以移动智能手机、平板电脑为代表的网络工具成为大学生耗时最长的娱乐平台。而在互联网+时代，网络平台特有的自由、平等互动性，也为互联网+时代大学心理健康课堂中教师与学生进行高效信息分享、平等互动提供了良好的渠道。同时智能手机集搜索、语音、视频、群聊为一体的强大功能，也为大学生在线下、线上获取充足的心理健康资源提供了依据。另一方面，通过在大学心理健康课堂中引入互联网移动智能手机等载体，可以引导心理健康教师转变自身教育理念，正确认识低头族现象。合理转变大学生手机应用观念，帮助大学生正确利用手机。激发大学生参与积极性，为心理健康课程教学效果提升提供依据。

互联网+时代大学心理健康课程改革的方向具体如下：

一、教学资源体系的改革

网络资源进课堂是互联网+时代大学心理健康课程教改实践的新方向，因此，一方面，心理健康教师可利用校园内无线网络全面覆盖的优势，在自身授权的网络界面内，鼓励大学生自主查询网络海量云资源。同时为充分发挥网络教学工具作用功能，教师可以在课堂教学过程中主动为大学生讲解微视频音乐、网络心理课堂、网络图片相册、云知识资源数据库等网站心理知识浏览宣传平台的作用。并鼓励班级学生通过微博微信等心理论坛发布平台，搜集优势心理健康资源，为互联网+心理健康课程教改提供充足资源支持。在这个基础上，教师也可以利用慕课（MOOC）平台资源发布模块，引入可汗学院、易班网、网易公开课等开放式教学资源。形成不同层次的心理健康教育资源平台，为学生个性化学习需求的充分满足提供依据。另一方面，互联网+时代，大学心理健康课程资源主要包括视频资源、幻灯片（PPT）、文档资源、音频资源等多种资源类型。为保证上述资源得到有效应用，心理健康教师可以选择重难点信息。围绕大学生最常见的心理问题表现，以微课录制的方式，录制10分钟左右的视频。结合故事讲授法、自主探究法等先进教学方法的

---

①杨蕗卿. 互联网+时代大学心理健康课程教改实践 [J]. 才智, 2020 (15): 185.

应用，可以连贯、完整呈现心理健康知识点。

二、教学模式的改革

互联网+时代丰富的信息资源获取渠道，对传统心理健康课程教改提出了更高的要求。因此，心理健康教师可改变以往教师讲述、学生听讲的心理健康教学模式。而是利用互联网+翻转课堂的新模式，将基于课堂讲授的心理健康课程转变为以大学生为中心，以问题为驱动的学习模式。逐步形成一个与大学生个性化需求相符合的教育框架。互联网+翻转课堂新模式主要包括课前在线学习、课堂面对面教学、课后跟踪反馈三个模块。课前在线学习主要是通过教师在 MOOC 平台上，上传教学计划、教学任务及与本节课程相关的不同类型的开放式教学资源。随后要求大学生在线上以智能手机、平板电脑为载体，自主学习相关知识。

三、教学评价的改革

互联网时代，以往单一试卷测试的方式并不能有效衡量大学生掌握心理健康知识的程度，因此，心理健康教师可以根据互联网+翻转课堂教学特点，对心理健康课程评价模式进行适当改革。一方面，在常规心理健康课程评价阶段，教师可以利用 MOOC 平台，定期查看班级学生学习进度，统计班级学生学习行为。并根据布置作业、作业批改及学习资源浏览情况，对班级学生学习情况进行定量分析。另一方面，在阶段评价过程中，教师可以过程性评价为核心。在调查班级学生课堂表现的同时，综合评测学生课前自学任务完成度、小组活动报告、个体自评、他评、课程论文、特色任务完成主动性等。

综上所述，大学心理健康课程是解决大学生心理问题的主要渠道，因此，为了促使整体课程更好地适应于互联网+时代，教师应该主动学习互联网+理论及技术，正确了解互联网+时代对大学生心理健康课程带来的机遇与挑战，从教学模式、教学资源等方面，进行教改实践，为互联网+时代大学生提供良好的心理辅导，帮助大学生健康成长。

第二章

大学心理健康课程的组织体系与发展

第一节　大学心理健康课程的类型与结构体系

一、大学心理健康课程的类型

(一) 大学心理健康的学科课程

心理健康学科课程是以课堂教学的形式来进行的,它的主要任务是传授给学生必须掌握的心理发展和心理健康的知识,具有如下特性:

(1) 基础性。心理健康教育学科课程传授给学生的是心理发展和心理健康最基础的知识。这就要把心理健康教育学科课程和专业的心理学课程加以区别。心理健康教育学科课程虽然涉及心理学的基础知识和基本理论,但两者对象不同、教学目的不同,因而内容的侧重点也不同。专业心理学课程着眼于专门人才的培养,要求学生全面系统地掌握这门学科知识,因此,它要求理论体系的完整和深刻;而心理健康教育学科课程则侧重受教育者心理素质的发展,主要是帮助学生了解人的心理发展,从而认识自己的心理,因此,它的主要内容是关于学生心理发展和心理健康的一般知识,而不涉及有关理论,也不需要学生全面掌握心理学的理论体系。心理健康教育学科课程的教学内容应以心理学、心理健康教育学等诸多学科作为依据,但是直接出现在课程中的并不是这些学科的直接结论和理论形态,而是经过处理后比较浅显的实际的生活化的阐释和形态。

(2) 知识性。"心理健康教育学科课程具有知识性的特征,只能完成知识教学这一独特的任务,而心理品质的训练、陶冶和某一方面特殊心理品质的培养则更多的是其他心理健康教育课程的任务。"①

(3) 生活逻辑性。心理健康教育学科课程的内容选择和编排应遵循问题的逻辑性。这就要把心理健康教育学科课程和其他学科课程加以区别。心理健康教育学科课程应该是问题逻辑和生活逻辑的，要根据学生身心发展特点和成长中遇到的实际问题，来安排教学内容，确定叙述方式，构建教学体系。心理健康教育学科课程能否为学生所接受，在相当大的程度上必须依赖和借助于受教育者的主观体验，即学生通过自身生活经验和课程内容之间的相似性联系来认同和接受它。因此应依据优化学生心理素质、健全人格、帮助成长、促进发展这一根本目的来确定此课程的内容。哪些因素对学生的心理健康状况影响最大，它就应当成为此课程的主要内容。

(二) 大学心理健康的活动课程

心理健康教育活动课程以现代活动理论为依据，寓心理健康教育于活动之中。人的心理发展是在人与人的相互交往、人与环境互动的活动过程中实现的，活动是将心理学知识转化为心理品质的中介环节。活动性是心理健康教育活动课程的突出特征，表现为教师根据心理知识并围绕学生生活来组织相应的活动，使学生在活动中获得心理体验，提高心理素质，具有如下特性：

(1) 活动性。人的一切活动都必然有心理活动参与，都有培养某方面心理品质的作用，但人的心理品质是一个整体，通过单项或某类活动难以解决全部心理品质的培养问题，同时各科教学与各种教育活动都有其特有的教学与教育目的和训练内容，它们不能代替以提高学生心理素质为直接目的的心理健康教育活动课程。在这个意义上，心理健康教育活动课程是以学生活动为主，不同于以普及知识为主的心理健康教育学科课程。

(2) 系统性。心理健康教育活动课程是一种有计划、有组织、有系统地安排与实施的活动，其内容是由许多主题按一定顺序结合而成的，活动时间也是事先安排好的，具有系统性和组织性。它有明确的活动目的和系统的活动内容且需教师指导，不同于临时组织的班级活动以及学生自发性的游戏。根据马克思主义活动理论，人的活动具有客观现实性、社会历史性和主观能动性。这为科学地设计活动课程提供了理论依据。在设计心理健康教育活动课程时，要把社会的需要和学生心理素质的全面协调发展统一起来，要有明确的活动目的，不能为活动而活动；活动的内容应该丰富多彩，形式应多种多样、生动活泼，适应学生成长的多样性要求。

(3) 主体性。根据现代心理学理论，人的心理活动来源于客观世界，强调认识起源于

---

① 李国强，谢平英. 心理健康教育课程设计与开发 [M]. 湘潭：湘潭大学出版社，2017：4.

主客体之间的相互作用，活动是主体认识的中介。心理健康教育活动课程是以活动为中介的课程形式，通过课程实施让每个学生在活动中感受、体验，接受训练和启示，让学生在活动中找到认识的来源，确立个性的位置。实施活动中，强调学生的参与意识、实践意识和主动意识，学生始终是以主体活动者的角色出现，充分发挥学生的主体性是心理健康教育活动课程的优势所在。

（4）互动性。心理健康教育活动课程是以群体动力学为基础的一种集体心理辅导模式。群体动力学理论认为，影响人的行为的因素有环境和个性两大方面，而且人际环境尤为重要。人与环境的相互作用将直接影响行为的产生，学生间良好的人际环境必然有利于学生良好行为的产生和良好个性的形成和发展。学生间由于年龄相近、心理特点相仿，往往有更多的共同语言，容易相互理解和沟通。心理健康教育活动课程能调动学生自身的教育资源，在平等协商和对话中有效地培养温暖感、信赖感和亲切感，形成互相尊重、独立自主等人际关系和良好人格，发挥积极的双向、多向互动的人与人之间的群体动力效应。

（三）大学心理健康的隐蔽课程

学校心理健康教育隐蔽课程的概念是基于当前心理教育实践的需要，从一般意义上的隐蔽课程概念引申出来的。基于心理健康教育实践的需要，目前人们对于心理健康教育隐蔽课程的意义、心理学原理、心理健康教育隐蔽课程的目标、设计原则、内容等问题已有一些初步探讨，但对于心理健康教育隐蔽课程的内涵仍缺乏全面深入的界定。此外，根据目前的一些认识，如果不太挑剔的话，学校心理健康教育隐蔽课程是指，在学校进行的各种教育、教学活动中，通过学校的环境、制度、文化、教师、学校心理氛围等施加于学生，使学生基于无意识的接受暗示、模仿、感染、熏陶、认同等方式而塑造健康人格、改善心理机能、开发个人潜能的一种心理教育课程类型，简言之，它可从如下方面得到初步的理解：

（1）在作用方式上，具有潜在性、隐蔽性。常常以潜隐的、暗默的方式作用于学生，使学生通过内化学校情境中隐藏着的心理健康观念、价值、知识、美感，塑造学生的认知、情感、态度、人格，从而影响其心理品质，使学生在潜移默化中产生心理变化。

（2）从范围上讲，具有广域性的特点，即所涉内容与范围广泛、表现形式多样。根据目前一些学者对于一般的学校隐蔽课程的认识，我们认为大致包括三个层面：物质-空间层面的隐蔽课程，即学校的建筑、校园的规划、学校地理位置、教室的布置等物质-空间环境等对学生心理健康产生的潜移默化的影响；组织-制度层面的隐蔽课程，即学校的组织制度、管理制度、评价制度、课程制度、德育制度、心理教育制度等广泛意义上的制度对学生心理健康的潜在隐蔽性影响；文化-心理层面的隐蔽课程，即通过学校各类显著课程实施过程中的隐蔽信息、师生关系、师生行为心理、学校的校风、教风、学风等对学生心理健康产生的各种隐蔽性影响。学校心理健康教育隐蔽课程目前可以进一步区分为值得关注的三大方面：一般性学校隐蔽课程对学生心理健康的影响、心理健康教育实施过程中的隐蔽课程、网络心理健康教育隐蔽课程。

（3）从功能上看，兼具有正面与负面功能，它既可能具有正面功能，即对学生心理健康水平的提高产生积极有效的影响，也可能具有负面功能，即对学生的心理健康产生负面的、消极的影响。其功能的发挥主要取决于有关隐蔽课程的性质、内容和作用方式。

（4）从课程性质与形式上看，它是一种非正规的心理健康教育课程。它是非学术性的，不直接指向心理学学科内容，没有被纳入正规的学校心理健康教育、教学计划中去，难以明确进行量化评估和有效控制。在与正规的、显性心理教育课程的关系上，既可能是相辅相成的，也可能是有抵触的，它本身也可能就是显性心理教育课程的"副产品"。

（四）大学心理健康的融合课程

所谓融合型心理教育课程，是指在学校常规教育和教学活动中，在传递知识、掌握技能、形成良好行为习惯的同时，注重挖掘学科课程和活动课程的内在资源，并引入心理学的方法和技术，帮助学生提高认知和技能、情意特质和人格素养，从而完善心理机能的一种课程形式。所谓"融合"乃是有机的结合，是课程内在的联通，更是一种一体化的契合，心理教育作为一门导引学生心灵成长发展的课程领域，其主体应是发展性、塑造性的，即在常规教育、教学活动中培育学生的心理素质，学校的语文、数学、物理、化学、音乐、美术等学科课程以及班会活动、团队活动、文体活动等活动课程都隐含心理教育资源，如能充分挖掘其隐性的教育价值，就能达成融合型心理教育课程目标，当然，融合型心理教育课程依赖学校各类学科课程和活动课程的实施，只有在充分达成学科课程与活动课程目标的基础上才能达成心理教育目标。

融合型心理教育课程是一门涉及面很广的课程领域，依附在学校的所有课程及常规教育、教学活动之中，具有隐性课程的特点，这里为了更好地说明这一独特形态的新型课程，并未纳入隐性课程的范畴来分析。一般而言，融合型心理教育课程可分为学科课程的融合、活动课程中的融合与隐性课程中的融合三种类型。融合型心理教育课程的特点主要如下：

（1）整合性。从融合型心理教育课程的内在机制来看，它是一种整合型课程，即心理教育的目标是有机融入教育、教学活动之中的，而不是"人为的""强加的"，当然，这种整合各科教学与活动对心理教育的整合，使心理教育目标内化为学科与活动课程的子目标，即通过挖掘各学科与活动课程的内在教育价值来整合心理教育目标。

（2）内隐性。融合型心理教育具有隐性课程特点，它不是径直地传递心理教育内容，而是以暗默的方式作用于受教育者，影响其心灵的成长；或者说是在各学科教学与活动中，在形成学科教学与活动所要传递的知识、技能的同时，在潜移默化中塑造学生的心理品质。

（3）异体性。从融合型心理教育课程的实施来看，它依附于各科教学与活动，不同的学科与活动有相异的"体"与"质"，人文课程、自然课程与技能课程都会以其特有的方式载负心理教育信息，但各自又能达成共同的"用"的目标，即为心理教育所用，共同提升学生的心理素养。

（4）合目性。融合型心理教育不是一种附加的教育，从课程的本然来看，心理教育与各学科教学和活动也不是相斥的，二者是融合的、合目的，在各学科教学与活动中融入心理教育的目标并不是教育、教学目标的"膨胀""超载"，而是各学科教学与活动目标的进一步分化、提升。

二、大学心理健康课程的结构体系

（一）大学心理健康课程目标

心理健康课程的总目标是：提高全体学生的心理素质，充分开发他们的潜能，培养学生乐观、向上的心理品质，促进学生人格的健全发展。心理健康教育的具体目标是：使学生不断正确认识自我，增强调控自我、承受挫折、适应环境的能力；培养学生健全的人格和良好的个性心理品质；对少数有心理困扰或心理障碍的学生，给予科学有效的心理咨询和辅导，使他们尽快摆脱障碍，调节自我，提高心理健康水平，增强自我教育能力。

从目标层次来看，一般心理健康教育目标体系应涵盖三个不同的目标层次：初级目标是防治心理问题的目标体系，主要通过心理教育活动解除和预防学生心理障碍，减少心理问题的发生，使他们有健康的心理生活；中级目标是完善心理调节目标体系，使学生正确对待自己、接纳自己、化解冲突情绪，保持心理的内部和谐；高级目标是发展每一个体所有心理素质的目标体系，要求全体学生的智力和人格等方面的心理素质都得到更好的发展，是心理教育最高层次的目标。心理教育三级目标是一个有机整体，彼此之间相互联系、相互影响、相互制约，遵循从低级到高级，再用高级目标的实现来进一步调节心理、防治心理问题这一目标规律。在实际的心理健康教育中，由于受传统心理教育文化的影响，往往更多地关注了初、中级目标，而忽视了高级目标的引领。

心理健康教育课程是高校课程体系的重要组成部分。心理健康教育课程目标是指一定阶段内的心理健康教育课程所要达到的预期结果，从根本上服从于心理健康教育的目标，它规定着教学活动的方向，也是确定心理健康教育内容，编写教材、运用教学方法和评价的重要依据。

（二）大学心理健康课程内容

心理健康课程内容主要指具有心理健康教育功能的学校相关课程门类及其关系，包括相对独立的心理健康教育专门课程和相对泛化的与心理健康教育有关的其他学科课程、活动课程和隐蔽课程。心理健康教育课程结构蕴涵有丰富的社会学意义，如心理健康教育课程地位问题、心理健康教育隐蔽课程问题。大学心理健康课程的主要内容包括：普及心理健康基本知识，树立心理健康意识，了解心理调节方法，认识心理异常现象，以及掌握心理保健常识，其重点是学会学习、人际交往、升学择业以及生活和社会适应等方面的常识。

（三）大学心理健康课程实施

大学心理健康课程实施主要涉及心理健康教育课程实施过程中的师生互动与课程重构、心理健康教育课程实施的管理机制、心理健康教育中的方法运用、活动形态的心理健康教育课程的实施等内容。从社会学视角来看，心理健康教育课程实施过程或明显或隐蔽的方式，体现了社会通过学校而实现的社会控制——以对学生的心理发展影响为基础的控制。

（四）大学心理健康课程评价

大学心理健康课程评价主要涉及与心理健康教育课程评价相关的问题如心理健康教育课程评价的社会意义与影响因素、课程评价的主体，课程评价对象、课程评价标准与方法、心理教育课程评价的管理等。心理健康教育课程评价中，会受到社会特性（权力、控制、利益等）的影响。

第二节　大学心理健康课程的设计与教学过程

一、大学心理健康课程的具体设计

大学心理健康课程的设计是指心理健康教育教师在进行教学活动之前，根据学生身心发展的特点和社会需要，依据团体动力学原理，结合课程的性质和目标要求，综合运用系统方法，对参与教育活动的诸多要素进行分析和策划的过程。

（一）心理健康课程的设计要求

1. 心理健康课程的设计依据

（1）心理健康教育课程内容的选择依据。心理健康教育课程的设计思路应贯穿学生整个学习生涯，而不是狭隘地把心理知识拼凑在一起，忽略了学生的年龄特征、对知识的接纳程度与运用方式。学生心理发展随着年龄的增长从不成熟向成熟逐渐发展变化。一般而言，随着年龄的增长，学生的心理由低级向高级，由简单向复杂，由不完善向完善发展，具有阶段性和连续性的特点，不同年龄阶段的学生具有不同的心理年龄特征，而且即使是同一阶段学生的发展水平也存在差异，导致学生在成长过程中遇到的心理困惑和产生的心理问题也有所不同，实际需要也不同，因而心理健康教育课程要实现课程的目标，就应考虑学生的心理发展特点，有针对性地选择课程的内容。同时，教育心理学的理论也同样为课程内容的确定提供了依据，教育心理学认为，教育具有促进学生心理发展的作用，但教育要发挥其应有的作用，必须尊重学生的心理特点，按照学生心理发展的特点和身心发展规律进行有的放矢的教育，只有这样，才能有效地促进学生心理的健康发展。心理健康教育课程应以学生中存在的实际问题为主要内容，强调根据学生的心理特点和身心发展规律有针对性地开展活动。

心理健康教育课程的设计不仅要结合学生的心理年龄特征、接纳知识的方式，还要考虑整个课程体系的连贯性与规范性，这样才能避免同一主题的心理知识在不同学龄阶段出现同一层面上的知识重复现象，确保每位学生对于心理健康知识的获取与运用合乎时宜，才更利于学生健康全面地成长。

（2）心理健康教育课程采用的活动形式。一般心理健康教育课程采用活动课的形式，以活动为载体，将课程的内容内化为学生的心理品质。为什么必须采用活动的形式，其深层次的原因可以从现代心理学理论中进行发掘。活动是一切认识和心理产生的源泉，将活动视作其整个认识理论的逻辑起点和中心范畴，从心理学的角度论证了个体产生于主体的活动，活动时主体认知结构不断形成、丰富和发展。主客体的相互作用、主客体的分化都离不开活动这一中介物，借助于活动，主客体得以不断地互为建构，体现了主体的能动性和认识发展的无限性。

（3）心理健康教育课程组织形式的选择依据。当前我国心理健康教育课程以班级集体教学为主要组织形式，这种形式的教学可以充分发挥合作学习的优势，同时也较为适应当前我国学校教育中以班级授课制为主的现状。美国著名心理学家库尔特·勒温关于团体对个体行为的影响的团体动力学说，为当前心理健康教育课程的合作学习提供了理论依据。

团体动力学理论着重从本质上探索团体内各种潜力的交互作用，团体对个体行为的影响等内容，认为团体并不是互不相干的单个个体的集合，而是一个由互相联系的个体所构成的一个有机整体；由于团体成员对共同目标的追求和对团体内一定价值规范的认同和遵守，使得团体内具有个体所没有的动力特征及团体凝聚力；团体凝聚力的形成，有助于团体成员安全感的满足及对团体的认同感和归宿感的产生；在具有内聚力的团体中，团体个体成员将自己的动机、需要与团体目标紧密地连接在一起，自觉地为实现团体目标而努力工作，促使个体成员的思想、行为与其他团体成员趋于一致。可见，在一个具有内聚力的班集体中进行心理健康教育的效果要比单个教育学生的效果好。

（4）心理健康教育课程教学应以教师为主导、以学生为主体。从本质上说，人的发展实际上就是人的主体性的发展，教学是由教师的教与学生的学所构成的双边活动，因而，教学过程应以教师为主导，以学生为主体，要求教师尊重学生的主体地位，激发学生的主体意识，充分发挥学生学习和活动的积极性、主动性、能动性和创造性，以促进学生的综合素质得到全面的提高。在心理健康教育课程的教学中，为促进学生良好的心理素质等全面素质的提高，推动学生主体性的发展，就必须通过教师积极引导学生主动参与各项认识和实践活动，这是素质教育理论在实践中的深化和发展，它为心理健康教育课程的教学设计提供了科学的教育学理论依据。

此外，现代心理学如人本主义心理学强调以人为本，认为人身上都有巨大的潜能，具有自我指导的能力，人人都具有自我实现、自我完善的倾向。学校心理健康教育课程强调信任、尊重学生，重视发挥学生在活动中的主体作用；强调学生在适当的情境中，通过自我教育实现自己的潜能，提高自己的心理素质。这些都是人本主义心理学理论的体现。而建构主义理论则强调应以学生为中心，要求学生由外部刺激的被动接收者和知识灌输对象转变为信息加工的主体、知识意义的主动建构者；要求教师由知识的传授者、灌输者转变为学生主动建构意义的帮助者、引导者、促进者。无论是素质教育还是现代心理学的理论都要求心理健康教育课程的教学应以教师为主导，以学生为主体。

（5）心理健康教育课程教学的策略和方法设计依据。建构主义理论认为建构过程要引导学生发现原有知识结构与新知识之间的不协调性，然后主动去改变它，学习的认知建构发生在具体的情境中，才能够使学生感受到知识的意义，该理论强调对情境的认知，以创设情境引起学生的认知不平衡，在活动中体验认知冲突，进而在原有认知结构的基础上重新构建，达到其最近发展区。因此，创设情境成为心理健康教育课程重要的教学策略，也是提高学生认知的重要途径和方法。同时，建构主义理论中支架式教学、抛锚式教学、随机性教学等教学方法的提出，又为心理健康教育课程的教学提供了丰富多彩的方法选择。社会学习理论则认为，人的行为是其动机、本能、特质等内在因素与环境相互作用形成的，人的大部分社会行为是通过观察他人、模仿他人而学会的，观察他人的行为结构对其自身行为会起到替代强化作用，同时个人对自己的认识会起到自我强化作用。社会学习理论为心理健康教育课程教学采用的角色扮演、空椅子技术以及一些行为训练等心理健康教育的方法提供了直接的理论支持，而根据社会学习理论，在课程的教学中为学生创设充满理解、关爱、信任的环境，为学生提供良好行为的模仿榜样，可以引导学生行为的改变。

综上所述，心理学和教育学的理论从整体上奠定了学校心理健康教育课程的理论基础，为其教学设计的整体框架提供了理论支持和可操作的策略与方法。

2. 心理健康课程的设计原则

要达成目标，良好的心理健康教育课程设计需要遵循以下原则：

（1）课程设计以心理学理论为基础。心理健康教育是一项科学性、实践性很强的教育工作，应遵循一些基本原则，其中首要的原则是要根据学生心理发展特点和身心发展的规律，有针对性地实施教育。换言之心理健康教育必须有理论依据。同样，心理健康教育课程的设计必须以严谨的心理学理论为指导，以促进成长为目标。心理学理论应体现在心理健康教育课程的各个环节。主题的确定、团体组成的技术、单元的设计、实施的程序、活动形式的选择、互动分享的策略，都是经过深思熟虑并由特定的理论指导的。

那些能够对心理健康教育课程产生影响的心理学理论来源甚广：在班级辅导中，为促进心灵互动、诱发成长，心理咨询和辅导的基本理论，如人本主义的心理咨询技术、心理动力学的观点及沟通分析等都可以是支撑课程的基础；在主题选择及单元设计上，则要依据发展心理学的理论及教育心理学的理论来确定；针对特定的辅导领域，则要以特定的辅导理论为基础。例如在对中学生进行职业辅导时，在设计相关的心理健康教育课程时可以依据职业兴趣理论、生涯发展理论、职业抱负发展理论以及认知信息加工理论（CIP）的重要观点和技术，而在以促进学习动机为主题的辅导课程中，成就动机、成败归因等相关理论可以发挥作用。

（2）主题的适宜性。主题适宜对于心理健康教育课程的成功至关重要。主题不能脱离实际，不能太抽象化，一定要贴近学生，与学生息息相关。学生的心理发展有其自身的规律和特点，他们在每一阶段都有所要面临的主要问题。大学中学生开始出现人际交往困惑、青春期困惑、情感困惑、家庭冲突、职业抱负等问题。因此作为心理健康教育课的教师，在选材时必须考虑到学生所处的年龄阶段的人格发展状况以及可能会出现的问题，有针对性地引导学生，充分发挥他们的潜能、塑造健全人格。另外，在选取主题时还要结合本学校和本班级学生的实际情况，合理地充实一些贴近学生实际的教学内容，密切联系学生的生活，目的是要切实处理学生现实生活中面临的困惑和冲突，促进学生更好地适应。

（3）主题的连续性。针对某一个特定领域的辅导，均由一个综合性的主题和一系列的单元主题构成，系列主题之间衔接性强，相互促进，都是大主题的特定构成方面。每一个小的单元主题需要在一次心理健康教育课程中完成。单元主题与综合性主题可以是总分的关系，也可以是其中的一个环节，但单元主题要更加明确具体。例如，对于考试的心理健康教育辅导，其系列单元主题可以依次设计为：①战胜复习逃避；②做一个勤快的复习者；③大目标与小目标；④我们所害怕的事情正是自身的潜能所在；⑤考前看不进去书怎么办；⑥拥抱紧张情绪；⑦学会放松——系统脱敏训练；⑧考试遇到难题如何应对；⑨如何防止考场上的粗心；⑩如何排除考场上的干扰；⑪如何克服考前失眠。

（4）内容的科学性。由于心理健康教育课程在形式和内容上比较自由，这与传统课程相比有很大的差异，但必须遵循科学原则，要"言之有理"。心理健康教育课程的实施流程包括创设情境、心灵外化、情感体验、交流分享、重新调整、行为实践、泛化延伸。而在交流分享和重新调整的环节往往格外需要把握内容的科学性。学生的交流分享得出的很多观点、思路和建议并非完全正确，对于一些特殊问题，心理教师更应该及时介入，加以纠正。所谓的"价值中立"倾向也是有一定限度的。另外，学生之间的个体差异甚大，而且不同年龄段之间的差异也很大，这就可能导致一些看似正确的法则对于某些人或者某个年龄层次的群体不一定适用。此外，心理教师在获取信息时，一定要仔细考证，同时也要通过合理的渠道获取资料，以保证内容观点的准确性，对于一些模棱两可的知识点，尽量不要引入课程教学中，或者至少是批判地接受。

（5）内容的精练性和理解性。作为一门课程，心理健康教育课一般只有短暂的时间，而需要完成一个单元主题的辅导，这就要求教师要把握主题的核心要素，切忌重复啰唆，灌输知识。心理健康教育课程的重点在于体验，所以评价此课程的重要标准不是"知多少"，而是"懂多少"。例如，在"心理银行"的课程中，增加"心理银行"的储蓄方法极多，而在一次课中，教师只需提取几种重要的方法加以演练。心理健康教育课的理解性是要保证知识的浅入深出，符合学生的理解和接受能力，尤其是不能过多地引用心理学的专业术语，应该采用较为通俗的形象化的语言来描述。当然，也并非完全排斥专业术语，有时，好的专业术语的使用能起到更好的效果，前提是必须建立在学生充分理解的基础之上。同样以"心理银行"为例，为了促进学生对人际关系中的互惠互利的理解，课程的题目就是"我的心理银行"，"心理银行"的存款即自己在他人心中的价值地位，可以通过利他行为而增值，通过损人自私行为而消费，课程的目的是要让学生了解"心理银行"，并学会增加"储蓄"。

（6）互动活动与主题的切合性。互动活动虽然在心理健康教育课程中举足轻重，但其本质上是要通过互动使心灵外化，以更好地进行交流分享，获取体验，并得到升华。有些教师为了增强心理健康教育课程的趣味性，为活跃气氛而用很多活动及游戏，但这些活动或游戏针对性并不强，甚至活动与所教主题毫无关联，结果是为了活动而活动，不能烘托主题，娱乐性超越了价值性，学生收获少。所以，如何选择与主题很好吻合的互动活动、如何开展互动、互动的时间如何控制都是值得思考的。

（7）知识的系统性。心理健康教育课没有统一规范的教材，实际上也很难有，因为很多情况下融入了校本文化的因素，往往还要考虑到学生当时所处的环境和发生的事件。心理教师对课程内容的设计有很大的自主性。作为教师，选材时必须十分注重知识的科学性、连贯性以及系统性。另外，心理健康教育不是某一分支学科理论的具体应用，而是对许多学科的综合运用，包括教育心理学、发展心理学、临床心理学、社会心理学、咨询心理学等，只有将心理健康教育课程的知识体系系统化，才能更好地服务于大学生的心理健康教育。

总而言之，尽管一堂心理健康教育课程并没有严格的实施操作流程，但以上原则在心理健康教育课程的设计与实施上是非常重要的。

3. 心理健康课程的设计步骤

从整体上而言，学校心理健康教育课程的教学设计应该按照学生的年龄特征、心理特征及当前遇到的主要焦点问题，将课程的总目标分解为不同的目标层次。同时，结合学生学习、生活实际，从学习、生活、适应社会等方面着眼，设计不同的主题；按照主题的内容，又分为多个相关或同类的单元，而每一个单元又都要落实到每一堂课的教学上，课堂教学即是心理健康教育课程教学的最小单位，因而，学校心理健康教育课程教学设计就应按照以下环节进行：

（1）按照学生的实际需要确定课程的目标。教学目标的确定是课程教学设计的首要环节。确定心理健康教育课程的目标，就是确立心理健康教育课程的出发点和所欲达成的最后结果，只有心理健康教育课程的目标是科学、合理的，才能正确指导课程内容、教学方法、教学手段等的选择与运用，课程的实际效果才能得到保证。

心理健康教育课程的教学目标又可以分成课程总目标、主题或单元课程目标、课堂教学目标三个层次。课程总目标是对课程教学的目的和期望，主题或单元课程目标是某一主题或某一单元的教学目的。根据心理健康教育的特点，可以在课程教学中根据教学内容的需要，把课程分为不同的主题，主题由多个教学单元组成，每一主题或单元都有其相应的教学目标，每一堂课教学又有相对独立的目标，共同构成课程总目标。值得注意的是，虽然从理论上把心理健康教育课程目标分为三个层次，但在实际执行中，三个层次的目标相互联系，互为作用，共同构成学校心理健康教育课程的目标体系。

学校心理健康教育课程以发展性目标为主，以防治性目标为辅，因而课程以提供科学、有效、实用的心理学技术与方法，提高学生的自制力，促进学生的心理成长与潜能开发，增进学生的社会适应能力，健全学生人格，从而在整体上提高学生的心理素质并维护学生的心理健康为目标。当然，由于不同年龄学生心理发展需求不同，各个阶段心理健康教育课程的目标也不同。

（2）根据课程目标确定活动的主题。明确各个阶段课程的目标后，就应根据这些目标，选择相应的课程内容。课程内容是课程目标的载体，是课程目标的具体化，学校心理健康教育课程的教学目标必须通过课程内容来体现。由于心理健康教育课程教学通常都是以活动课的形式开展，课程内容就常常包含在一个个的活动主题中。

值得注意的是，学校心理健康教育课程某一方面的内容设计成一个活动主题即可，而有的内容包含的东西较多，较为复杂，就可以设计成一个大的活动主题，在此基础上再把这一大的活动主题分解为不同的单元，每一单元又有自己的主题和目标。

（3）根据主题活动需要选择适宜的教学形式和方法。实现课程目标有许多的方式，教无定法，教学应根据活动主题的需要和实际条件选择适宜的方式。有时，一个活动主题中可能采用多种形式和方法，要考虑活动之间的层次递进性；不论哪种形式的活动，都要服从活动的主题，配合主题的需要来安排。如有的课程教学活动性很强，学生游戏做得兴高采烈，结果游戏的时间拖得过长，课堂讨论的时间被挤占了；或者在课堂讨论时学生还沉浸在做游戏的兴奋中，迟迟难以投入较为理性的后期讨论中，不利于课程活动主题的深化，也难以真正实现心理健康教育课程的目标。

（4）选择、利用相应的教学资源。心理健康教育课程的教学中，为了营造良好的心理氛围，给学生提供更为生动、直观的情境，应有效选择和利用各种教学资源。如通过CAI课件将录像资料剪接，自制录像和配乐幻灯等多种媒体编排组合运用，实现语言媒体、文字媒体、现代媒体的最佳组合。用大量录像、图片资料显示事实延伸学生的视觉，提供更多感性材料创设情境，突出重点，便于把感性的知识提升为理性的认识；自制卡通画有利于激发学习兴趣，活泼、简洁、清晰地配合心理健康有关知识的讲解；自制采访录像，提供了熟悉的人物和情境，延伸了学生的视听觉空间，熟悉的人的事迹更能打动学生；配乐电脑幻灯将文字媒体、画面媒体和背景音乐结合在一起，调动学生多个感官参与活动，烘托了气氛，将课程推向高潮。通过教学媒体的运用，可以有效地展示教学材料，使学生更为了解和掌握教学材料中蕴含的意义，同时极大地激发学生的学习兴趣，有利于学生主体性作用的发挥。

除了选择和利用现代化的教学媒体外，在课程教学中，可能涉及的心理教育原理很多，此外，学生的案例资料也很多，在教学设计中，应列出某些具体的资料作为参考，并注意运用这些相关的资料，以利于教学的顺利实施。此外，由于心理健康教育课程的活动空间可突破教室、校园等的限制，延伸到校外的自然环境、家庭、社会以及网络中，因此，还要根据实际情况选择恰当的场所和做好必要的联系与沟通工作以有效利用这些教学资源。

（5）把握课堂教学活动的具体步骤及要求。在以班级授课制为主要教学组织形式的今天，一般心理健康教育课程是以课堂教学为单位来组织教学的，其组织程序可分为三个阶段：准备阶段、实施阶段和结束阶段，其具体步骤如下：

1）准备活动。在活动开展前必须做好准备工作，以利于活动的顺利进行。具体包括调查了解学生的心理状况以达到教学的有的放矢；做好主持人的挑选与培训工作；编好心理剧脚本，做好角色分配与排练工作；准备好心理游戏等所需道具；准备好讨论的主题或辩论的辩题；布置好心理健康教育课的场所等。准备阶段在课程的组织中是一个不可缺失的重要步骤，在教学设计中应详细列出要做的准备工作，以利于课程的组织实施。

2）活动实施。

第一，活动起始阶段，这一阶段又称暖身阶段。主要是创设一种团体活动的良好氛围，增进学生间的了解，激发学生参与活动的兴趣和探究的愿望。教师在进行这一阶段的教学设计时，应具体说明采用哪种方式进行。课前的暖身活动有多种形式，如身体放松运动、拍掌活动（即学生随口令由慢渐快地拍掌）、礼节操（即让学生面对面，微笑注视对方，点头问好，握手问候和拥抱拍肩）等，其目的都在于使学生减少紧张焦虑，进入放松的情绪状态。

第二，教学活动实施阶段，这一阶段是心理健康教育活动的核心，直接关系到教学活动的进展。教师应先通过多种形式的活动（心理测量、案例呈现、小品表演、情景剧等）帮助学生认识自我心理发展水平、心理发展现状，认识某种心理品质的重要性，找出差距，从而产生缺失感或共同感，由此自然引入活动的主题，并在此基础上发现问题。接下来，教师可以实施一系列与某种策略有关的活动（角色扮演、小组讨论等），引导学生在参与活动的过程中感受、体验并掌握解决问题的策略，这是心理健康教育是否有效的关键，也是教学中学生是否能真正将心理健康教育的知识内化为自身心理品质的关键。

3）活动结束。某种心理调控策略和方法能否有效而快速地内化为一种心理品质，还应该重视学习过程中的反思总结与体验，所以活动结束阶段，教师应留有充足的时间让学生自由畅谈活动的感受，通过经验分享使学生将他人的体验与自我体验加以整合，提升认识的高度，深化教育的效果。此外，要将策略真正转化为行动，还需要课后的行为实践及在实践中不断地反馈和调整，布置适当的心理作业可以鼓励学生拓展在课堂上学到的成果。因此，这一阶段一般以回顾展望、祝福道别、唱歌、布置心理作业等方式进行，不仅使学生对活动留下深刻印象，而且激发学生参加下一次活动的兴趣，实现对课程教学成果的巩固与拓展。

总而言之，心理健康教育课程的教学一般应遵循个体心理发展—自我认识—动情晓理—策略导行—反思内化—形成品质的规律，按照引入主题—发现问题—解决问题—反思体验的程序进行操作。

(二) 心理健康课程的目标设计

1. 心理健康课程的目标构成分析

目标是对心理健康教育活动的预期效果，是集体活动的导向。明确心理健康教育课程教学的目标是课程教学设计的核心。目标的制定不仅影响活动内容的选择与设计，而且影响活动的实施及效果的评估。

心理健康教育课程的教学不同于一般学科的教学，课程的目标不是单纯掌握心理学知识，而是针对学生实际，通过具体事例，使学生懂得认识自我、发展自我的道理，培养自信、自省、自我认识、自我调节的能力，实现优化心理品质的目的。课堂上应当发挥学生的自主性，让学生充分参与，通过情景体验、讨论分析、谈话沟通、行为训练、心理陈述等方式，使不良情绪得到控制，不良心理得到矫正。

心理健康教育课是以班级活动为主要形式，面对全体学生的教学活动，它的总体目标是以全体学生为对象，根据学生心理发展的规律和个性心理特点，有目的、有计划、有步骤地全面提高学生的心理品质，激发潜能，健全人格，增强承受挫折和适应环境的能力，使学生能全面地认识自己，客观地认识他人，能够充分地发挥自我的潜力，社会适应良好，会学习、会做人、会生存、会创造的个体。总体目标又可以分为以下三个层次：

（1）预防性目标。预防学生成长过程中可能存在的心理问题或者纠正一般偏差行为，心理健康教育可以使学生对自己的心理健康水平进行自我评估，并有自我保健的意识和心理调适的能力，这是心理健康教育的短期目标。

（2）适应性目标。培养学生具有正确的自我意识，对学习、人际关系和社会环境做出适当的反应，并在此基础上，培养他们独立自主的能力，建立正确的人生观和积极健康的生活方式，这是心理健康教育的中期目标。

（3）发展性目标。使学生的能力得到充分、自由地发挥，以积极、健康的心态对待学习、工作和生活，达到自我完善、自我实现的最佳境界，这是心理健康教育的最终目的。从心理健康教育课堂教学的主要矛盾来看，它主要不是解决学生知与不知、会与不会的问题，主要不是让学生"知道"什么是心理健康，而是要实际影响他们的心理健康，这个目标的达成必须依赖于学生积极主动地参与。

2. 心理健康课程的目标设计要求

课程目标的确立是课程设计的首要环节。课程目标的确立也是心理健康教育课程设计的核心问题。心理健康教育课程目标必须是学生能够理解和接受的，必须是具体的、可评估的。

(1) 课程目标要明确。明确的课程目标具有导向和调控作用。要实现目标的明确性，必须做到：第一，对课程目标的描述要明确、不能含糊，不能引起歧义；第二，课程的一般目标与课程单元目标以及课时目标分开。单元目标与课时目标是一般目标的细化分解，课时目标包含在单元目标之内，单元目标包含在一般目标之内。因此，制定单元目标和课时目标时要具体。

(2) 课程目标要系统。教育是改变人们行为规范的一种历程，而这种行为的变革可以进行分类和分层次，层次是积累性的，人学习的行为过程总是由易到难，由简单到复杂，一步一步地前进。目标分层有助于学生学习的循序渐进，保证学习的效果。从横向看，不同学生达到的目标在层次上也存在个体差异。人生来具备多种智力潜能，每个人的智力优势和整合方式各有不同，不同智能的组合表现出的差异性导致了人在兴趣志向上的差异，因此，在学习行为过程中也表现出不同层次性。课程目标要根据受教育者的不同的学段，制定出不同层次的课程目标，每一阶段的不同学年、每一学年的不同单元也应具有层次性，各个层次的课程目标从易到难、从简到繁，形成纵向层次结构；同时还需注意要将一般目标和具体目标衔接好。

(3) 课程目标要有操作性。心理健康教育课程直接把情感、意志、个性等当作教学目标，关注的焦点不在于认识目标的达成，而在于将观念的东西转化为学生实际可行的、可训练的行为。因此，抽象的心理学概念、原理应当具体化为各种行为表现及特征，变成可观察的、可以通过一定测验和方法来评估的，并且可以通过一定的教育手段和措施来加以训练和改造的行为目标，这样心理健康教育课程才不会流于形式。

(4) 课程目标要有发展性。心理健康教育课程的总目标与国家的教育目的是一致的，即让受教育者全面发展。而总目标要通过一系列具体目标，经历一个从简单到复杂、从低级到高级、由不自觉到自觉的发展过程来实现。课程目标要随着学生的心理发展而不断更新和提高，后一阶段的目标应在前一阶段基础上有所发展，水平从低到高有所变化。因此，必须根据不同年龄阶段学生心理发展的特点及规律，制定各年级的具体目标，只有这样才可以循序渐进地促进学生心理的健康发展。

(三) 心理健康课程的内容设计

1. 心理健康课程内容的结构设计

学校心理健康教育课程教学内容的结构，主要包括五个基本要素，即认知经验要素、意志品质要素、情感经验要素、社会经验要素和生活经验要素。

（1）认知经验要素。学校心理健康教育课程要把认知经验要素摆到突出位置。在教育活动中让学生学会正确地认知，懂得哪些是非理性的认知，主动得到老师或同伴的疏导，建立合理的、健康的认知，这是一个健康人最基本的条件，也是使人得到发展的最基本的条件。

（2）意志品质要素。意志品质要素是人的精神力量的标志，是人取得成功的动力维持系统。学生所有的学习生活都可以有目的地进行意志品质的训练。学校心理健康教育课程要结合学生日常的生活，以及各种随机发生的问题，把它们作为课程训练的内容，从而达到训练意志品质的目的。

（3）情感经验要素。情感经验要素是衡量人的心理健康的重要指标。一个正常的人不仅有积极、健康的情绪，而且能自觉地调节自己的情绪，使之及时恢复正常。心理健康教育课程旨在通过各种活动和情景，让学生体验各种情绪反应，学会调节和合理宣泄不良情绪，建设起追求美好、追求真理的情感动力。

（4）社会经验要素。教育就是要把学生培养成为社会的人。学校心理健康教育课程必须组织学生参与社会活动，在了解社会、适应社会、服务社会中懂得热爱工作、热爱生活、热爱生命，勇于克服困难，善于与人合作，在社会活动中培养学生独立处理问题和解决问题的能力。

（5）生活经验要素。生活经验要素是现代人需要具备的要素。学校心理健康教育课程要组织各种活动让学生体验生活，学会过正常、愉快的生活，学会健康的休闲生活，学会正常的消费，懂得幸福生活的不易，懂得珍惜生活。

2. 心理健康课程的主要内容设计

心理健康教育课程的教学目标必须通过课程内容来体现，课程内容是课程目标的载体。因此，正确选择课程内容是十分重要的。依据大学生身心发展的规律，心理健康教育的基本内容应抓住学生身心发展的主要矛盾，解决主要问题，主要有以下方面：

（1）个性心理教育。个性心理教育主要让学生了解一些基本的个性心理卫生常识，使学生认识不良个性的成因及危害。通过富于情趣的活动，帮助学生形成对自我形象、内在气质、性格、能力的正确认识，培养良好的需要和动机，激发积极而广泛的爱好和兴趣，树立起崇高的信念和理想，最终养成正确的自我意识和优良的个性品质。

（2）社会适应心理教育。通过一定的活动使学生在亲身的体验过程中学会正确认识和了解社会，根据社会的要求来把握交往的技巧，克服孤僻、自卑、羞怯等社交障碍；学会合作、合群、礼貌、大方和诚恳，达到正确认识、评价和表现自己的目的；懂得如何尊重和善待他人，培养必备的良好个性素质。

（3）情感意志品质的教育。使学生体会积极性情感与消极性情感的差别，学会通过自我调节和合理安排闲暇来使学习和生活更加有效和轻松愉快；使学生明确自觉性、果断性、自制性和坚持性等优良意志品质在成就事业上的重大意义，学会正确处理学习和生活过程中的理智与冲动、顺利与挫折、纪律与自由、自律与他律等方面的矛盾问题，提高心理承受能力。

（4）学习心理教育。使学生在激发学习动机和兴趣、形成适合自己的行之有效的学习方法和排除焦虑、厌学、自卑、注意力不集中等障碍的过程中，认识和了解学习的基本心理过程，学会怎样培养自己的观察力、注意力和记忆力等，懂得运用识记和遗忘规律来指导自身的学习活动，达到更多、更快、更好地吸收和掌握科学文化知识，不断提高文化素质的目的。换言之，要用心理方面的技能技巧来促使学生从"学会"过渡到"会学"。

（5）品德心理教育。使学生从小形成宽容、大度、正直、无私、博爱等高尚的精神境界。而这些境界又都是与日常的行为规范教育、法制教育等分不开的，所以教育者的任务就在于根据品德心理的形成规律引导学生树立正确的人生观和自信心，从小确立一个正确而坚定的精神支柱，作为前进的动力，成为品德高尚的人。

3. 心理健康课程内容的组织设计

借鉴一般课程内容的编排组织，心理健康教育课程的组织主要有如下方式：

（1）逻辑式组织。由于学生的心理发展是一个由简单到复杂、由具体到抽象、由低级到高级、由他律到自律的自组织过程，既有连续性，又有阶段性，因此，教学内容的组织应适应这一规律，结合学科知识的内在逻辑，由易到难、由浅入深、有条不紊、纲目井然。宜采用螺旋式上升的形式来组织心理健康教育的内容。不同年龄段、不同年级学生的心理发展水平不同。因此，教学内容的难易度和侧重点也应有所区别。

（2）心理式组织。心理式组织是以学生在学习、生活、成长过程中所产生的心理现象来组织教学内容，也就是按学生心理发展的各个类别顺序来组织。这种组织方式是以学生为本位，注重学生的兴趣与需求，主要包括四种"顺序"。①"认识顺序"：了解自我、认识自我、悦纳自我、欣赏自我、完善自我、实现自我；认识家庭、认识环境、认识学校、认识班级、认识社会、认识国家、认识世界。②"学习能力顺序"：智力（注意力、观察力、记忆力、想象力、思维力）、非智力（动机、兴趣、情绪情感、意志、性格）。③"人际交往顺序"：礼貌、交友、合群、乐群、友情；"情绪情感顺序"：体验、感受、意识、反应、调节、控制。④"社会适应顺序"：在参与社会活动中接受自己，减少对父母和长辈的依赖，建立独立处理问题的自主自信能力，分析自我选择职业，培养有社会责任感的言行，建立科学的世界观、人生观和价值观。

一般而言，心理健康教育课程的教学内容应采取折中式组织，也就是调和上述两种组织方式，选取它们的优点。当然，这两种组织方式在教学内容中所占的比例不是机械的、固定的，应根据不同年级的学生各有所侧重。

二、大学心理健康课程的教学过程

（一）大学心理健康课程的教学组织

1. 心理健康课程的教学模式

（1）心理健康课程教学模式设计的理论取向。目前，心理健康课程的教学模式设计主要有三种理论取向：行为取向、认知取向、人格取向。

第一，行为取向。教学模式设计的行为取向是建立在行为主义心理学的理论基础之上的。行为主义学习观强调刺激—反应的学习过程，认为学习就是人对外部刺激的反应，人的行为是刺激—反应之间的联结，与人的内部心理过程无关。人是外界环境和外部刺激的被动承受者，只要教师对外部刺激加以适当的设计与控制，就能通过外显行为的改变与控制来完善学生的行为，逐步实现教学目标。因此教学过程实际上就是以教师为中心，向学生灌输知识，改善学生行为的过程。"程序教学""以教师为中心"的传统教学模式就是建立在行为主义理论的基础上的。

以行为主义理论为取向的教学模式设计有其存在的合理之处，其优缺点为：重学生外显行为的控制与改变，重外界刺激对学生心理发展的影响，忽视学生内部心理过程对学生认知的影响；重视教师主导作用的发挥，忽视了学生主观能动性的发挥；强调教学过程的可观察性、可操作性、可控制性和可复制性，却将教学和学习过程处理得过于简单化、机械化；忽视人性，忽视人的情感、能力等因素，将人等同于动物。

第二，认知取向。认知取向的教学模式设计是以认知主义心理学的理论为依据的。认知主义学习观认为，人的认识并非单纯由外部刺激引起的，而是外部刺激与人的内部心理过程相互作用的结果。学习过程就是学生在与环境的交互作用中，主动地对外界刺激信息进行有选择地加工的过程。教学过程就是要创设一种特殊的情境，激发学生的内部心理活动，使学生主动地将所学的知识纳入自身原有的认知结构中，从而不断地促进自身认知结构的构建，推动其认知能力和认知水平向前发展。"发现学习""发展性教学""意义学习""指导教学"等教学模式都是以认知主义为根据设计的。

以认知主义为取向的教学模式设计存在的优缺点表现为：重学生认知能力的发展，重学生主观能动性的发挥，重学生内部的认知过程与环境的交互作用，忽视了学生情感、意志等非智力因素的发展。

第三，人格取向。人格取向的教学模式设计是以人本主义心理学理论为基础的。人本主义认为人是具有自我实现潜能、天性善良的，是认知、情感和行为发展相统一的整体。

人本主义理论强调在教学过程中要"以学生为中心",教师起着促进者的作用。教师要创设适当的教育情境,促使学生在其中自由选择、自主发展。教师以情感影响为主要手段来激发学生的内在兴趣,通过建立良好的情感性的师生关系,促使学生自我实现、自我完善,尤其是人格的完善和发展。"非指导性教学"的教学模式就是这种理论的体现。

人格取向的教学模式设计的优缺点为:①从"人的整体性"出发,强调认知、情感、行为的统一发展,尤其重视学生完整人格的构建与发展,将人视作真正的完整的人,克服了行为主义和认知主义将人视作"非人性化"的"片面的人"的错误倾向;②树立以学生为中心的新教育观念,注重学生自身潜能的发展和自主性的发挥,强调因材施教,但忽视了教师主导作用的发挥,过分夸大了学生主观经验的作用。

综上所述,以行为、认知和人格为取向的三种教学模式设计各有其优缺点,都有其合理之处。心理健康教育活动课程的根本目的之一,是促进学生心理素质的发展。由于人的心理素质是一个复杂的结构系统,它的发展离不开通过行为训练而达成的行为完善,也离不开基础心理学知识的掌握和自主性人格的发展。人的行为是心理的外化,是心理发展状况的体现,但忽视人的内心主观体验和必要的心理学知识的单纯的行为改善,只能获得一些应对具体情境的心理技能,很难促进人的整体心理水平的提高。外部心理学知识要内化为学生的心理素质,离不开学生在活动中的行为改善;完善的人格是良好心理素质的一部分,它以必要的心理学知识为基础,是通过外部行为来体现的。因此三种不同取向的教学模式设计不是彼此对立的,而是彼此共存、兼容并蓄、互为补充的,从不同的角度、不同的方面发挥其整体的功能,促进学生心理素质的发展。因此近年来教学模式的设计出现了折中整合的趋势。

(2)常用心理健康课程教学模式。基于教育实践,人们总结提炼的常用心理健康课程教学模式主要有如下类型:

1)讲授式教学模式。顾名思义,讲授式教学模式是以讲授的方式来开展教学的,在心理健康教育中,要以心理学的知识和理论作为重点讲授内容,它是从传统教学模式的基础上演变而来的一种课堂教学模式。大多数教师在开展心理健康教育课初期会采用这种学习方式来向学生灌输心理学和心理卫生学等方面的知识,以使学生更好地认识和调控自己的心理和行为。

讲授式教学模式的具体应用步骤为:问题导入—知识讲授—实际运用。例如,在讲解"情绪调节"部分心理学教学内容的时候,教师可以借助问题的合理导入来为学生讲解情绪和情绪调节的含义、重要性以及具体方法等方面的理论知识。另外,针对该模式的学习而言,教师都能较好地把握,他们只需按照学科教学的方式来讲解心理学方面的知识即可,这样可以拓宽学生的知识面,丰富学生心理学方面的知识。

从教学内容上来看，讲授式教学模式主要侧重于心理学知识的讲授，这无法有效地解决学生存在的心理问题，增强学生的心理品质，并且心理学方面知识的记忆又会增加学生的学习压力，所以教师不可将心理健康教育简单地理解为心理学知识和理论的教育，也不可采用考试的方式来评判学生的心理特征，而应该将心理健康课作为优化学生心理素质、提升他们心理健康水平的有效途径。

2）对话式教学模式。在对话式教学模式的指导下，教师必须结合学生的实际情况或教学要求来为学生合理确定教学主体，需要将学生分成适当的几个小组，并要鼓励各个小组的成员积极发表自己的看法，畅所欲言，并形成小组意见，然后让小组与小组互相讨论，最后由教师就各组的意见进行总结和评价。通常而言，小组的人数最好为奇数，以确保意见形成的有效性，通常每组人数以7人左右为宜，并要尽量将具有同种心理需求的学生分到一组，同时要明确各个小组中的人员分工，如主持人、记录员、检查员、激励者和总结人等，而教师则需要保持与学生平等的关系来进行对话，而该模式具体的应用步骤主要为：确定主题—分组对话—解决问题。例如，在讲解"情绪调节"这部分知识的时候，教师可以让学生就自己在生活或学习中遇到的烦心事以及自己的情绪调节方法来让学生进行探讨，从而使每个学生均可在学习中掌握调节情绪的方法。

对话式教学模式重点在于营造一个和谐平等、轻松愉悦、畅所欲言的课堂教学氛围，并对学生提出的各种观点进行合理点评，借助小组讨论或者辩论的方式来引导学生认识自己的行为模式，这样有利于避免价值观冲突问题。但是课堂毕竟是课堂，一味地讨论势必导致形式单一，并且该模式受学生年龄因素的影响比较大，所以不太适合低龄学生的心理健康教育。

3）问题—体验—认知式教学模式。问题—体验—认知式的教学模式是指教师通过学生开放性话题或调查，把学生所关心的热点、焦点问题，确定为学生活动的主题，使学生在发现问题、解决问题的过程中产生情绪体验，提高认知、改善行为的一种活动模式。一个人有怎样的行为方式及情绪情感体验，取决于他对情绪的认知反应。如果认知反应积极、正确，那么他的情绪情感体验是积极的，采取的相应行为是积极的；反之，情况则相反。认知体验式就是引导学生学习正确的认知方式，通过学生的感知、想象、思维等认知活动实现活动目标。可通过一些具体方式进行，例如：第一，故事联想式。教师在活动开始或活动中，利用学生喜欢听故事的心理，引入故事，同时通过学生的观念联想活动，训练学生的想象力、创造力、表达内心的感受和经验。第二，讨论—澄清式。针对当前学生关心的敏感性问题、热点问题、困惑问题、争论性问题展开专题讨论或辩论。

4）情境—体验式教学模式。所谓情境，是指影响个体自身发展的各种刺激所构成的场景或环境。情境—体验式教学模式是指教师通过引入或创设各种情境，促使学生在其中自主活动,产生情感体验,进而提高认知,达到教育自我的目的。

情境—体验式教学模式的操作程序一般可分为以下五个阶段:

第一,创设情境,启动体验。教师根据教学目标的要求及具体的教学任务,运用教学手段为学生创设生动、有效的情境。教学情境应能使学生在境中生情,在教师的指导下,将被激发出的情感贯穿到学习过程中,积极主动地参与教学活动。根据"启动体验"方法的不同,学生心理健康教育课堂运用体验式教学模式时,可采用活动体验式(实践活动)、情感体验式(激发情感)、问题体验式(提出问题)和情境体验式(创设情境)来展开。

第二,注重过程,感受体验。学生进入教学情境后,教师要认真详细地记录情境活动的过程,挖掘学生的心理潜能,深化学生的心理体验。在教师的引导下,学生将自己对外部世界的感知逐步内化,发现和认识自身的行为习惯、知识和能力水平,为交流分享体验做准备。

第三,分享体验,从中领悟。分享体验,从中领悟是体验式教学模式的核心环节,是在感悟的基础上,通过师生、生生之间的探讨和交流,分享体验。可以以小组的形式进行分享,也可以全班同学共同分享。通过这个过程使每个学生都有机会表达自己的内心体验,通过亲身经历、亲身感受来认知事物、探究问题、深化体验。

第四,建立信念,形成认知。建立信念,形成认知是对学生体验和领悟的升华,在充分讨论和分享体验的基础上,教师要引导学生联系实际,反思自我,加深对问题的认识,摒弃错误观念和行为,建立积极的信念。教师通过创建情境、营造协作氛围,进行师生、生生会话,提供学习环境要素,发挥主体性,学生自主获得知识,享受学习的乐趣。

第五,自我调节,践行体验。心理健康教育强调技能的获得,要求学生能够对所学知识加以证实和应用,这一环节是通过布置一些实际生活中的相关任务,促进应用和内化,培养实践创新能力,进一步陶冶升华学生的情感。实践本身也是一种体验,在新的体验的基础上,个体产生新的领悟,从而不断进步。

常见的情境—体验方式有:①氛围式。利用录像、录音、电影等多媒体手段,真实地再现某些生活场景,或感受环境之优美,或感受人物之情绪起伏。②角色体验式。根据活动需要,让学生扮演活动中某一人物角色,按角色需要思考、行动,体验该角色人物的思想、心理,学习模仿好的一面或更清楚地认识到其不恰当的思维方式及行为,进而增进自我认识,减轻或消除心理问题,发展良好的心理品质。③游戏式。游戏是最受学生欢迎和喜爱的活动形式之一,它具有趣味性、自主性、虚构性、创造性、社会性(契约性、互动性)的特点,通过游戏能使学生在紧张中放松,在不安中坦然,在竞赛中找到观点,充分放松自我、表现自我、流露真情。而且在这种团体活动中达到彼此互相信任、经验分享,进一步产生友谊感、成功感等各种真实感受。

5）自主活动模式。自主活动模式是指教师只提出辅导专题，与学生共同学习有关心理学常识并辅以必要的指导，让学生自己设定活动主题、活动方案和活动模式。

6）行为训练式。行为主义关于行为强化的学习理论认为：通过奖惩等强化手段可以建立新的、良好的行为或消除某些不良的行为，此方式往往与其他活动模式结合起来应用。

第一，示范。示范是一种借助模拟来习得或掌握新行为的方法。辅导教师自己或选择某方面行为优秀的学生进行示范，示范者在学生中具有权威的形象，学生模仿他们的良好行为从而建立良好的行为。

第二，奖赏。利用实物如糖果、文具、分数等强化物或语言肯定其某种行为并增强该行为，同时增强其自信和自我效能感。其中教师和学生之间的鼓励尤为重要，但也不要忽视学生的"自我奖赏"，当自己某方面经过努力做得不错时，自我鼓掌、喝彩，给自己一个放松机会，奖励自己一个糖果或其他物品也很重要。

第三，惩罚。在心理教育活动课中这是要慎用的一项活动。但巧妙地运用惩罚有时会起到意想不到的作用。例如，游戏犯规时可罚掉一次参与机会等。

第四，契约。在活动中，师生双方共同商定一份明确、公正而可信的契约。在契约中，明确规定何种良好的行为可以得几个积分；何种不良的行为表现要扣掉几个积分；多少积分就可换取何种强化物，或享受某种特权。这份契约使教师明确教育训练的各阶段重点，使学生明确知道训练要达到的具体目标。

在活动中，上述几种形式是交叉运用的，并且由此还可组合派生出更多的形式。无论哪种活动形式，都在有机地服务于主旨，有助于实现活动目标，且都是通过感受体验，通过感知训练，最后达到自我感悟、自我教育的目的，"感受、感知、感悟"模式使整个心理健康教育达到了知、情、行的有机结合。

不同的课堂教学模式均有其独特的教学进程结构，如赫尔巴特所提出的"明了—联想—系统—方法"课堂教学模式和夸美纽斯提出的"观察—记忆—理解—练习"课堂教学模式，等等。这些课堂教学模式所具有的教学进程结构并不是任意组合在一起的，而是在特定教学理论和目标作用下长期实践的结果。同理，心理健康教育课堂教学模式也是在借鉴其他优秀课堂教学模式的基础上，再结合本学科特点进行的一种特殊的教学模式。

就心理健康教育课堂教学模式的结构进程而言，在教学过程中，教师应充分体现该学科的特性、类型以及对象等特性因素，还要灵活运用各种教学方法来充分提高课堂教学的质量和效率。常见的心理健康课堂活动形式主要包括体育活动、行为训练、心理剧和游戏等，通过以上活动，教师应引导学生疏解心理烦恼，帮助他们通过体力的释放加游戏放松，逐步摆脱心理困扰，最终实现心理的健康发展。

在心理健康教育中，针对不同的教学任务和目标，教师需要采用不同的组合形式，心理健康教育课堂教学模式也不例外。例如，以信念确立不良认知改变或者价值辨析等为主的课堂教学结构可设计为"认知—活动—体验—分享—评估"的课堂教学模式；而以认识、矫正自己、理解他人和社会适应性为主的课堂教学结构可以设计为"活动—体验—分享—认知—评估"的课堂教学模式，这些模式都要结合学生的学习习惯、认知风格、认知水平和特定的教学内容等合理调整，引导学生的积极主动性，从而确保心理健康教育课堂教学模式应用的整体质量。

2. 心理健康课程的教学环节

心理健康课程，其教学环节与其他学科有共通之处，即都分为课前、课中、课后三个阶段，但贯穿于这三个阶段之中的是心理健康教育区别于其他学科的特殊性，即心理健康教育课不仅是知识的传授，更要满足学生本身的需要，帮助学生解决自身存在的问题。

（1）心理健康课程的教学准备。课前准备阶段是心理健康教育课必要的组成环节，除与普通学科相同的备课过程之外，还有它的特有任务。如果学生能够参与这一准备阶段，围绕教师确定的专题，与教师共同讨论课堂的中心内容和活动形式，一起完成课前的准备，能使课堂教学具有针对性、实用性。

第一，课堂内容的选择。心理健康教育课不同于知识传授的学科，它具有很强的操作性和实用性，必须真正做到以学生的需要为出发点，才能实现心理健康教育的目标，即帮助学生解决自身的心理问题，使他们能拥有良好的心理素质和健全的人格。心理健康教育教师必须有强烈的责任感，将学生的内心需要放在首位，善用自己的自主权，遵循实用性原则去选择内容，使教学与活动内容和高中生的学习、生活紧密相连，真正对他们起到指导作用。所以选择课堂内容要针对学生不同阶段的不同需要，有针对性和计划性。如对于刚入学的高中生，他们急需了解新的环境、新的集体、新的学习任务、新的人生目标，来平息由于处在陌生环境而产生的不安心理。

因此，教师要预知学生的这种需要，及时对他们进行学习和生活适应性的辅导；另外，由于某些学生对高中学习没有全面的认识，对同学缺乏了解，易对高中学习和自己的同学产生错误的认识和评价，可能导致盲目的自卑或自负，所以，开学之初还要及早进行自我认识的指导；随着对新环境、新集体、新的学习生活的适应，人际交往问题将成为困扰高中生的重要人生课题。课前教师要对每堂课的内容做到心中有数，适量安排每节课的内容，问题要单一，有利于在课堂上做深入的分析和挖掘。

第二，课程形式的安排。心理健康教育课的形式是丰富的，它不是心理知识传授课，不以学习系统理论为目的，而是让学生在课堂上获得心理体验、新的认识，以改善自我、发展自我为目的。因此，在心理健康教育课上，学生的主体地位应得到最鲜明的体现。学生不是被动地听从教育,而是作为课堂的主体主动参与课堂教学,在民主、自由的气氛中进行互助和自助。所以,活动是心理健康教育课的主要形式。

教师设计的活动形式要多样化,如讨论、调查、辩论、演讲、阅读、写论文、问卷调查、量表测量、短剧表演等,要根据内容的特点选择最适当的活动方式。例如,在处理人际冲突一课中,可采用情境讨论和冲突小品、短剧表演三种活动方式,表现不同的行为反应及其相应结果,课堂上学生热烈参与,积极展开讨论,投入地表演自编自导的冲突小品或短剧,可以产生良好的课堂教学氛围,加深学生对课堂内容的印象和理解,引发他们更深刻的思考,实现自我教育的目的,同时通过活动进行有效的心理训练,提高知识的实用价值,促进由知识到能力的转化。

第三,课堂结构的安排。心理健康教育的课堂教学中以活动为主,但教师心理知识的指导也不可缺少,因此,课堂中不可忽视教师必要的知识传授和学生活动的紧密结合。以学生的活动为主导,学生在活动中体验、感知和领悟;以教师的指导为关键,成为画龙点睛之笔。学生的活动在教师的指导下进行,活泼有意义,每段活动都要体现教师设定的主题,有利于教师引导课堂进程,引发学生的思索,使他们在教师的指导下得到更深的感悟。

第四,课堂活动的辅导。课堂上要开展某些活动,需要在课前给予一定的指导,使学生的活动更符合教学要求和目的。例如,在"正确处理同伴冲突"一课中,对心理小品、短剧的课前辅导主要为:师生共同讨论在同学交往中常发生的,具有一定代表性的人际冲突情境;选定主题,设计明显的冲突情境,以学生为主设计者,教师适当指导小品人物的语言、神态、动作等具体细节;指导学生细细体会自己所扮演角色的心理活动,更好地去把握角色、扮演角色,并通过角色扮演进行自我教育;给予适合冲突情境的解决方法的指导,解决方法要明确、具体、合理。

(2) 心理健康教育课程的教学进行。

1) 专题导入。通过设定活动情境提出问题,使学生在自由讨论中了解自己在生活中的一些习惯性的认识和行为方式。

第一,学生要明确每节课所要解决的问题,激发学生学习、活动的兴趣,并反思在这一问题上自己的认识和行为方式。例如,"正确处理同伴冲突"一课中,首先由教师列举一些在学生群体中常见的冲突情境,引起学生强烈的情绪反应和学习渴望。如面对同学或朋友的误会、不理解,和同学的意见分歧、争执,烦恼时同学的打扰,和某些同学的激烈竞争等。这类很普遍的冲突,处理不当会严重影响自己与他人的相处,影响心情、活动兴致等。这类与学生自身密切相关的事件,不仅可以引起学生对学习内容的重视,也能充分调动他们主动参与课堂教学的积极性。

第二，教师要以和蔼、亲切的态度，适当的语言和表情或精巧的活动计划，营造和谐、融洽、民主的课堂气氛，鼓励学生畅所欲言，了解学生的看法，注意接纳各种意见，不轻易做好坏评价，要了解多数学生的反应倾向，将学生列举出的行为反应进行总结、分类、归纳，得到本课的知识点，即过激、退缩、自信三种反应方式。通过师生共同分析、推测，总结出结论，为下一步教学活动做准备，也使学生对知识点有深刻的理解。

2）活动展开。分析、解决问题，深入学生的认识系统，提高学生的认识水平，改变学生的观念和行为。此阶段是心理健康教育课的重要环节，是学生获得心理体验、转变认识的重要过程。在活动展开环节既要有学生对精心设计的活动的积极参与，又要有教师适时地以心理知识作引导、总结。

第一，教师要有一定心理知识的讲授，但要防止把心理知识的讲授变成简单说教，起不到心理健康教育的效果。

第二，活动是心理健康教育的主要载体，任何活动都是为实现教学目标服务的，因此不能只为活动而活动，要依据心理学原理精心设计活动，使学生在课堂活动中获得丰富、深刻、充分的心理体验。如在"正确处理同伴冲突"一课中，由于教师在小品之前有一定的心理知识的铺垫，小品又经过学生的认真编排和教师的精心指导，所以这两组小品使参与表演和观看表演的学生都产生了强烈的心理感受，使学生领悟到只有在冲突面前采用自信式的反应方式，才能平息冲突，彻底解决冲突；而过激、退缩式的反应不利于冲突的解决，且适得其反。

第三，师生要共同努力，创造良好的课堂气氛。提示学生要自觉遵守纪律，活动不能随心所欲，要活而不乱；学会尊重他人，重视他人的观点。教师要加强组织课堂的能力，能收能放。特别要注意不能将学生的心理问题当作品质问题，简单判定学生好坏、对错。

第四，教师要针对活动过程中学生提出的问题，给予及时回应和反馈。对于课堂上不能得到有效解决的问题，要针对问题的对象考虑给予后续个别辅导或进一步开展团体辅导。

（3）心理健康教育课程的教学结束。心理健康教育课程的教学结束主要是学生运用已获得的心理知识进行自我教育，检查学习成果的过程。通过把所学知识运用于解决自身问题，提高学生的认识水平和适应性，而且学生解决问题的效果也反映了教师的教学效果。教师可以通过回顾与反省、计划与展望、祝福语激励等方式和方法结束课程，提示引导学生注意学习结果的应用、反馈。

1）学生要自省自己的认识是否发生转变，是否进一步明确了自身的发展目标和行为目标。

2）教师要合理安排学生的自省、自我教育、自我帮助等活动。既可放在课堂上又可留待课后完成。形式也是多样化的，如自由发言，记日记，制订具体行动计划，实施具体行动等。在"正确处理同伴冲突"一课中，教师在学生充分理解过激、退缩、自信三种反应方式及其后果的基础上，让学生回想曾经与他人的不愉快交往，仔细回顾、寻找两人间的矛盾，客观理智分析两人的对错责任，并思考在当前是否会像从前那样处理两人间的冲突。拟出具体行动方案，如果可能，要将过去的事情及自己的感想清晰、平静地与对方交流。即通过课后作业的形式，让学生有意识地运用所学知识解决自身的问题，将所获得的知识转化为改善人际关系的能力。

总而言之，心理健康教育课的最终目的是提高学生的心理健康水平，改善学生的心理素质。因此，它绝不应该雷同其他学科的教学模式，必须以学生的需要为出发点，以学生的活动为主体，以灵活多变的形式、丰富实际的内容去吸引学生，提高学生的自助能力。所以，心理课的特殊性决定了心理健康教育教师不仅是拥有宽容、理解的心胸和高超的课堂教学艺术的教师，更是探索心理健康教育教学模式的研究人员。

(二) 大学心理健康课程的教学方法

1. 心理健康课程常用的教学方法

心理健康教育方法主要有作为传统学科课堂形态的教学方法、课堂外活动形态的教育方法和隐蔽课程形式的教育方法。心理健康教育课程的教学不同于一般学科的教学，因为它的教学目标不是为了传授心理学的知识，而是希望通过一系列的心理辅导活动，让学生能够从活动中懂得认识与了解自我、发展自我的重要性，进而能够主动地去发展和提高自己的心理品质。因此，根据这样的特点，大学心理健康教育课程可以运用的教学方法具体如下：

(1) 认知法。这类教学方法主要是依靠学生的感知、想象和思维等认知活动来达到教学目标。它包括两种活动：第一，阅读和听故事。教师通过向学生推荐优秀的和有针对性的读物，或者自己开辟编写心理健康教育的专栏。在课堂上安排读书讨论和交流读书的心得体会，或讲述一些有意义的故事，让学生能够从中得到启发，从而改变自己的生活与行动的态度，促进自我人格的发展。第二，认知改变。教师通过质疑、暗示和说服等方法，来改变学生非理性的信念和观点，从而恢复和建立合理的、积极的思维方式来解决学生的心理问题和促进学生健康人格的发展。

(2) 角色扮演法。角色扮演法就是一种设定某种情境与题材，让学生扮演一定角色，通过行为模仿或行为替代，充分体会角色的情感变化和行为模式，表露自己或角色的人格、情感、人际交往、内心冲突等心理问题。然后通过观察、体验，进行分析讨论，从而使学生受到教育。其作用就是在扮演角色过程中可以显露当事人行为、个性上的弱点与矛盾之处；给当事人宣泄压抑的情绪提供了机会；让其能够理解角色的处境，消除误会和猜疑；使其从中学会合理而有效的行为方式。而作为观众的学生虽不扮演角色，也可能对扮演者发生认同作用。角色扮演有不同的表现形式：集体的角色扮演、个别形式的角色扮演、让学生轮换扮演两个角色、固定角色扮演等。

（3）榜样引导法。教师利用学生有很强的模仿特点，让他们通过榜样行为的观察，使自身受到强化，模仿榜样的言行，从而实现受教育的目的。榜样可以是真实的也可以是符号性的（通过传播媒介来呈现的榜样）。常用的榜样引导法有：参观、访问、媒体教学等。

（4）讨论法。讨论法是所有教学活动中使用最为普遍的方法，是在教师的引导和组织下，学生对某一专题发表自己的看法，表达自己的感受与意见，群体进行研讨的学习方法。这种方法可以集思广益，沟通彼此的思想和感情，促进问题的解决。通常可以用到的心理健康教育课程中集体讨论的方式有专题讨论、辩论、配对讨论、脑力激荡等。

（5）价值观辨析法。价值观辨析法就是在教师的安排下，学生通过讨论、辩论等方法利用理性思维和情绪体验来检查自己的行为模式，并把自己的行为模式与他人的行为模式进行比较，解决价值冲突，进而按照自己较符合社会要求的价值观支配自己的言行。常用的价值观辨析法有小组讨论法、两难问题法等。

（6）行为强化法。行为强化法就是教师运用奖惩等强化手段来巩固学生良好行为、消除不良行为或建立某种新的良好行为的一种方法。所谓强化是指任何有助于机体反应概率增加的事件，强化手段一般有正强化、负强化和惩罚。凡施加某种影响并有助于反应概率增加的事件叫正强化。凡移去某种不利的影响并有助于反应概率增加的事件叫作负强化。常用的强化方法有：奖励、惩罚、强化不相容反应等。

心理健康课程所使用的方法除了以上论述外，还有许多其他的方法，如游戏法、讲授法、自述法、故事法、表演法、比赛法等。而这些辅导方法的分类也不是绝对的，它们彼此之间有一定的交叉和包含的关系。这些众多的方法又可归纳为两类：一类是认知类；另一类是活动类。为收到良好的教育效果，应把知和行紧密结合起来，以一种方法为主导，多种方法为辅助进行教学，不能孤立地去使用某一方法。

2. 心理健康课程的教学方法设计

心理健康教育课程与一般的以教师讲授为主的学科课程不同，其教学是通过教师和学生的共同参与和互动来进行的，而学生的参与热情和投入程度对教学效果的影响最大。因此，教学方法的设计要充分考虑学生的全员参与和真情表露，但是又不能为了引起学生的注意和兴趣，只追求设计的形式、步骤和具体环节的丰富多彩，使之越热闹越好、越离奇越好；更不能以活动形式的丰富程度，新奇程度和学生表现的活跃程度、兴奋程度来评价一节课或一次活动的优劣和成败。这种认识是片面的，也是危险的，会把心理健康教育课程引向形式主义的歧途，使之变成一场矫揉造作的闹剧。有鉴于此，心理健康教育课程教学方法的设计须注意以下要求：

（1）讲求实效。教学方法的设计要根据教学目标的要求，依据内容的需要来选择，而不是为了活动而活动，为了形式而形式。在实际教学中，常常会看到这样的现象：在教师的刻意编排下，课内充满着既不能反映教学内容也难以达到教学目标的活动安排；一个又一个填满了教学时间、学生看似玩得高兴却又毫无内涵的游戏活动；并非出自学生的经历而由教师来"图解"有关知识编导的小品或角色扮演等。这些看似丰富多彩、令人目不暇接的"活动"形式，由于缺少内在的积极思维、探究活动的支撑而显得空洞和肤浅，无助于实现心理健康教育课程的目标。

（2）从学生实际出发，不超越学生的现有水平。教学方法的设计除了根据教学目标和教学内容以外，很重要的一点是要依据学生的年龄、心理特点，即学生现有的思维水平和接受能力，不能为了创新而别出心裁设计游戏和活动，不顾学生的现状和能力。

（3）面向全体学生，关注学生的个别差异。在心理健康教育课程的教学中，教师不是指点迷津的权威，但肩负着促进和帮助学生获得发展的重任，而学生是有个别差异的，只有面向全体学生，重视其个别差异，才能更好地促进和帮助他们。因此，在教学方法设计中，要想办法创设让所有学生都能积极主动参与学习和活动的机会，可以设计集体活动、小组活动和个别活动等环节，以便能调动不同层次学生的兴趣和积极性。

（4）发挥多媒体补助作用。随着多媒体手段的运用和普及，其所具备的视听形象的生动有趣性、资源丰富性和资料易取性等特征，为教学方法的设计开拓了极大的空间，要充分发挥其多方面的功能，但不能过度依赖它，不能让它取代学生的主体地位，代替学生的活动和思考。在实际教学中，有的老师过分依赖多媒体的生动形象性，整段整段的教学时间都让学生在观赏，事后只是非常简单地让学生说说看后的感想，很不利于学生的积极思维和充分交流。而且大多数多媒体课件在交互性方面有明显的不足，它只是单向的灌输，而不是双向甚至多向的互动，不利于学生的即时反应和灵活应变。

第三节 大学心理健康课程的教学活动与技术

一、大学心理健康课程的教学活动

心理健康教育课的教学活动，目的是帮助大学生从一种心理状态，达成另一种心理状态。为了更好地帮助学生实现这种心理状态的发展，课程设计需要在教师的教学事件和学生的心理活动之间，建立恰当的激发关系。活动流程是为了达成教学目标，学生必须经历的学习程序。

大学心理健康课程的活动流程需要考虑两方面的因素：一是学生知识、技能、情感、态度、价值观的心理品质形成过程；二是团体建立、运作和消解的团体动力发展过程。班级教学时间相对有限，活动流程设计要力求将心理品质形成与团体动力发展科学而艺术地结合起来。

（一）心理品质与团体动力的活动形成

1. 心理品质的形成

现代认知心理学在探索知识学习的过程中，对个体信息加工过程有了一致认识，据此形成广义知识的三阶段教学模型：第一阶段是新知识的理解，包括学习者的注意和对学习结果的预期、激活原有知识、有选择地知觉外界呈现的新信息、积极地将新信息与个人原有的相关知识（包括表象、概念原理和事实等）联系起来等教学步骤；第二阶段是知识的巩固和转化，包括引起学生的反应、提供反馈与纠正、对复习与记忆提供指导等教学步骤；第三阶段是知识的测量与评价，包括提供提取知识的线索、提供技能的运用等教学步骤。

三阶段教学模型将教师教学活动与学生学习活动联系起来，按照陈述性知识和程序性知识的不同学习过程，设定对应的教学步骤，这个流程有效地解决了心理健康教育课中知识、技能、问题解决和心智策略等心理品质的流程设计问题，但不适用于情感、态度、价值观的流程设计。

心理健康教育课中情感、态度和价值观学习流程的设计，主要依据班杜拉的榜样观察和模仿学习理论。班杜拉认为学生可以通过旁观者的身份，在观察和模仿榜样行为表现的过程中，获得替代性的学习经验。榜样观察和模仿学习分为四个阶段：注意、保持、再现和动机。

（1）注意阶段。观察者的注意聚焦在榜样表现示范的行为特征上。一般而言，学生更容易关注那些具有吸引力、高可信、成功、权威、有趣的榜样。这也是学生喜欢仿效明星的衣着、发型、动作和生活方式的主要原因。教师在选择榜样和示范行为时，要注意榜样的这些特点。

（2）保持阶段。观察者将注意到的示范行为信息，转化为表象或编码为语义，储存在记忆中。教师需要为学生提供多样而大量的练习机会。学生在练习时，可以不断复述自我指导的语言，增加行为内化的可能性。

（3）再现阶段。观察者模仿榜样行为。教师要指导学生尽量使自己的行为与榜样的示范行为保持一致。

（4）动机阶段。观察者反复再现模仿行为，获得各种强化的机会。有些强化来自师长恰当的表扬，有些强化来自同伴的支持，还有些强化来自学生自我的发展目标。教师要合理调控各种强化因素，逐步让学生形成自我强化的心理机制。

班杜拉的榜样观察和模仿学习理论为心理健康教育课的活动流程设计，提供了板块要素和活动序列的规范指导。缺少其中任何一个环节，情感、态度和价值观的学习可能不会发生，或者发生后难以转化为行为，难以持久保持。

2. 团体动力的形成

大学心理健康课程以团体活动的形式展开，团体会将环境和个体紧密地联系在一起，个体在团体中扮演不同角色，个体之间相互作用、彼此影响，呈现出一种持续性的、整体性的特征和演化轨迹。

团体动力学的本质是个体在团体中此时此地受到的影响。这种影响有时候起到促进发展作用，学生积极进行自我探索，彼此真诚沟通，团体具有较强的凝聚力和归属感；这种影响有时候也会起到阻碍发展的作用，学生封闭自我防范他人，彼此疏离或攻击，团体气氛松散或紧张。与自然演化的团体不同，教育团体要求领导者运用引导技术，推动团体向特定目标发展。这个发展历程长可按年计，短可按天计。领导者要借助团体动力的势能，完成不同的团体任务，由此出现了团体发展的阶段。心理健康教育课的流程设计，要充分考虑团体动力学因素，发挥团体积极作用，控制团体消极影响。

团体活动表面上由团体成员的言行构成，本质上由团体成员"如何"与"为何"如此言行组成。很多团体咨询的研究者都对这个流程进行过探索，形成了各具特色的团体阶段发展理论。

团体动力历程可以分为以下阶段：自由活动阶段、个人抗拒表达和探索阶段、叙述以往的经验阶段、表现消极情感阶段、表达与探索与个人有关信息的阶段、表达与其他成员相处的即时感受阶段、团体发展出治疗能力的阶段、达到自我接纳和改变的阶段、打破伪装阶段、提供与接收反馈阶段、面质阶段、将帮助延伸到团体之外的阶段、发展出基本的真实关系阶段、在团体内外做出行为改变的阶段。按照团体历程划分，有助于教师细致地体察团体成员的心理感受和行为变化。

（二）大学心理健康教育课的活动阶段

团体动力发展是一个变动不居的历程，各个阶段只是为了方便领导者推动团体发展而人为划分出来的。心理健康教育课流程设计的重点，在于引导学生体验自己在课程中"如何"与"为何"行动。为方便教师把握课程的活动流程，我们从微观层面将心理健康教育课分为开始、过渡、工作和结束四个阶段。每个阶段都有团体发展的特有动力特征,教师在每个阶段都需要设计恰当的互动,使用合适的教学技术,完成特定的教育任务。

1. 开始阶段

在学校情境中,我们默认教师与学生之间、同学之间具有一定的关系基础。不同的课程主题,需要不同的心理准备和心理氛围。开始阶段主要针对活动主题,做好心理铺垫工作。由于"首因效应",开始阶段对学生的课程投入程度有着巨大影响。

(1)领导者的主要任务。首先,通过倾听、积极回应等心理辅导技术,示范尊重、接纳和关怀的态度,帮助成员建立友善和共情的关系。这种关系有助于每个人在接下来的活动中真诚交流,相互提供心理支持。其次,介绍课程的基本规范和注意事项,如真诚、保密、不伤害他人、言行对事不对人等。这些规范和要求形成团体活动的边界,保障成员心理安全,有助于成员觉察自己和他人的越界言行。最后,运用趣味性的游戏和视听欣赏等活动,营造自由而安全的团体氛围。成员不断探索团体和领导者的边界,在不伤害自己和他人的条件下畅所欲言。团体更具包容性,对各种真诚的表达给予接纳和关怀。

(2)建立良好的辅导关系。辅导理论强调,辅导关系是决定心理健康教育成功的第一要素。课程目标的达成也必须以良好的辅导关系为基础。在课程中,学生的自我探索、对问题困难的探索、情绪改善和认知调整、人际分享互动产生、经验整合等都须以一定辅导关系为背景。良好的辅导关系取决于团体领导者自身的态度特质,即共情、真诚和无条件积极关注。辅导关系对学生人格的影响远大于领导者所采用的治疗技术。严格而言,心理健康教育课中没有专门环节用来建立辅导关系,但辅导关系是贯穿始终的灵魂要素。

(3)组织暖身活动。心理健康教育是心灵与心灵的沟通,要达到教育目标,需要营造安全、开放、轻松的气氛,让学生进入一种放松、温暖的心理状态。只有在良好的气氛与情绪状态下,学生才能积极投入活动中获取成长。因此,在心理健康教育课的开始阶段,常使用暖身活动。暖身活动形式很多,中等程度的肢体运动是常用技术,因为身体放松能减缓紧张与焦虑的情绪。暖身如同交响乐的序曲和前奏,一般放在上课铃响前后,形式为简短的游戏、视频、故事、演讲等。目的是让学生身心安顿下来,进入心理健康教育课的轨道和"磁场"。一些暖身活动还具有主题导入(抑或说点题)的功能。

2. 过渡阶段

在学校团体辅导中,教师扮演的领导者具有更为主动的引导作用。当开始阶段在成员之间的关系和团体的动力氛围方面打好基础后,教师通过过渡阶段切入课程主题。

(1)领导者的主要任务。首先,用生活故事、影视片段、情景表演等教学策略,为学生呈现课程的核心主题,帮助学生感知课程想要解决的问题。要注意的是,呈现主题单一明确,材料鲜活熟悉,这样学生才能容易地识别其中包含的矛盾和困惑。其次,围绕主题情境，设计一些关键问题。这些问题涉及是什么、为什么和怎么办等要点。教师一方面可以通过这些问题，将学生的注意力聚焦在课程主题上；另一方面可以通过学生反馈，检查课程目标设置的合理性。最后，运用团体动力学，鼓励全体学生参与主题讨论。教师可以按照"分组讨论—代表发言—成员补充—班级回应"的程序，激活学生参与热情，主动承担发言和分享的责任。教师主要起激发和催化团体动力的作用。

（2）创设心理情境。过渡阶段常常需要创设一个心理情境，将教学关注的问题初步呈现出来，让学生走近问题，置身其中，有所感知和觉察。情境创设的方法多种多样，例如，教师讲解案例或播放视频，也可排演小品或情景剧。具体形式可根据实际需要灵活择选，出发点都是让情境更加生动、具体、形象，贴近学生生活，触动学生心弦，做好自我探索与合作分享的心理准备。

3. 工作阶段

工作阶段是心理健康教育课由问题走向目标的关键阶段。学生在这个阶段围绕核心问题，充分探索问题解决的各种可能方案，是课程占时最多的核心环节。

（1）领导者的主要任务。首先，激发学生全身心的心理体验。心理课程最大的特点在于体验，而体验无法通过知识讲授和他人替代完成，只能学生在此时此地进行亲身感受。工作阶段要尽可能多地邀请学生通过身体动作，进行表演和练习，增强心理体验的强度和深度。其次，引导学生经历自我探索的过程。问题解决的历程本质上是学生自我探索的历程。学生可以在心理课程创设的安全情境中进一步开放自我，在多重感官的体验中，觉察自我真实的心理状态，表达内心的真实感受，体会面对人生各种挑战时，内心触发的言行、情绪和认知。最后，鼓励学生之间的交流和分享。团体形式的心理课程最大的优势，是成员的多样性和互助性。团体多样性的观点是宝贵的课程资源，为学生提供了丰富的理解事物和他人的视角。团体互助性的特点为学生展示了良好人际互动的模式，有助于大家将其迁移到现实生活中。

（2）设计体验活动。心理健康教育课的最终目标是学生获得心理品质的发展和成长，这种发展和成长主要通过一系列专门设计的活动完成。心理健康教育课之所以被不少研究者定义为活动课，是因为活动既是它外在的形态特征，也是它内在的原理机制。心理健康教育课的基点是各种活动，学生在课堂上眼动、脑动、身动、心动，全身心参与体验。

活动的另一层含义是互动，指师生和同伴之间的经验分享、思想碰撞、言语交流、体验共鸣。唯有调动起多种感觉器官、心灵感官和精神触角的活动，思考、思想、经验、感受和智慧才会源源不断地渗入个体的心智模式中。

大学心理健康课程中，主要有三个关键因素，会影响活动的质量。第一，承担角色。心理健康教育强调体验性学习，一个成功的活动设计必须提供一系列角色活动，让学生有角色扮演的机会，在安全的情境中尝试新经验和新行为。第二，维持挑战与支持的平衡。在活动设计时，要给学生提供适度的挑战性任务。挑战性任务是那些具有一定难度，但需经过努力才能完成的任务。过分容易获得成功体验，不具备强化的价值。同时，教师还要提供一定的心理支持，如鼓励、肯定、指导等，让学生获得需要的资源。第三，促成持续发展。活动设计要注意妥善安排活动之间的顺序，既要环环相扣，又要与总体目标保持一致。

（3）催化自我开放。自我开放是指学生将个人的心理状态，如感受、经验、行为等与他人分享，以增加彼此信任的心理活动。心理健康教育课能给学生提供一个安全的人际环境，学生可以从容地开放自我，正视过去否定过的经验，把那些经验融合于当下的自我，实现自我的转变与发展。

自我开放能促进人际互动，也是同伴互动的结果。领导者适时、适地、适度地自我开放，不仅能为学生提供观察、模仿和学习的榜样，促进学生的自我开放，而且也能营造安全、自由的气氛。在这种不断升华的自我开放与同伴分享中，学生开始打开内心世界，拓展外部视野，为新领悟的产生与新经验的整合打下良好的基础。

心理健康课程的目标是助人自助。在工作阶段，课程活动应充分调动学生自身的教育资源，鼓励学生深入自我探索，而不是依靠教育者的说教或外在社会规范。学生通过自我检查、自我领悟、自我实践，促进自我成长。

（4）聚焦交流分享。按照观察表演和模仿学习的原理，学生只有在广泛良性的互动和分享中，才有机会获得新的想法与感受，引发学生领悟，开启心理改变与成长的大门。心理健康教育课关注团体动力的掌控与顺应，鼓励学生互动与分享是工作阶段的核心活动。领导者要充分应用教育资源，激发学生与学生、学生与教师之间的交流与分享，形成心理改变的良性机制。

领导者要关注交流和分享的三个关键点：一是小组活动的组织。一般以小组合作与全班展示为基本形式。小组组建采用组内异质、组间同质的原则，小组一般4~6人，保证人际互动深入有效。二是问题驱动，充分讨论。领导者要设计广度和深度兼顾的问题，不要泛泛而谈。好的互动和分享需要充裕时间。三是领导者适时引导。领导者要把握时机，做好小结，提炼升华。或因势利导，将讨论和交流引向更深广的时空。

4. 结束阶段

结束阶段是心理课程回顾学习体验的阶段，由于"近因效应"，结束阶段会决定课程留给学生的基本印象。

（1）领导者的主要任务。首先，帮助学生总结和整理学习成果。课程过程中的活动带给学生很多感性体验，结束前的整理和总结能够将这些感性体验上升到理性思维的高度，将新学到的内容整合到学生已有生命体验和心智模式中。其次，见证学生的成长和收获。为了强化学生初步形成的心理体验与心理品质，教师可以运用颁奖、赠言、送礼物、合影、齐唱等具有仪式感的活动形式，让学生留下欣喜、振奋和激动的记忆。最后，帮助学生将学习成果从课程延伸到生活。真正的改变往往发生在心理课程以外的世界，教师可以通过实践作业、行为实验、合约承诺等形式，督促学生将课程中学到的经验用到生活中加以检验，通过现实反馈找到适合自己的问题解决路径。

（2）完成经验整合。心理健康教育课的结束阶段，学生有机会表达自己的真实感受，分享自己的成长体悟。通过同伴彼此观察和彼此学习，学生开始认识自我，实现经验整合。学生彼此回馈的内容可以是对同伴的赞美、鼓励、祝福，也可以是课程的收获和感受，还可以是让自己感动的故事。在活动结束前提供师生之间、学生与学生之间的回馈机会，不但能强化本单元的辅导效果，而且为延续下一单元的课程奠定良好基础。为进一步深化学生在课堂活动中获得的体验，教师可以布置一定的家庭作业，鼓励学生把学习成果迁移到日常生活中。

大学心理健康的每堂课都充满各种变化和流动、创造和生成，很难以一种固定模式涵盖所有样式。当教师专业能力和课程体悟达到一定水平时，他们在基本环节和流程上的"刻意执着"就会相应淡化，表现出更多基于专业自信和风格偏好的"无痕"处理，课堂表现会更加圆融成熟和浑然一体。

二、大学心理健康课程的教学技术

为了达成教学目标，教师需要使用心理健康教育的各种教学技术，促进学生互动，推动团体动力，增强心理健康教育课的有效性。没有哪种教学技术能适用于所有的教学情境，也没有哪种教学技术能达成所有的教学目标。教师在决定使用何种教学技术时，有时会感到困难，这是因为在复杂的课堂环境中，往往需要合并使用多样化的教学技术才能奏效。

（一）促进参与的教学技术

1. 倾听

（1）教室中的伪倾听。倾听的前提是专注，专注的目的是告诉学生，老师正在注意他们，并鼓励他们更加开放地谈论自己的想法和感受。做到了专注，学生会感觉到自己说的东西是有价值的，自己值得被倾听。"专注可以鼓励学生说出他们的想法和感受，因为他们会觉得教师对他们所说的东西感兴趣,这样学生就更容易参与到课程当中来。"①

有些时候,教师看上去很专注,但他却不一定是在倾听,他有可能在想接下来的教学任务、下一个问题,或者估算课程剩余的时间。有两种常见的"伪倾听",第一种在新手教师的课堂上比较常见。由于教学经验不足,新手教师对于学生的课堂发言难以自如应对,于是他们在听学生发言之前,就预先准备好了"台词"。这种倾听方式看上去对学生给予了及时的反馈,但这种反馈实则缺乏针对性,学生会感觉自己的发言可有可无,教师对自己不够重视,渐渐地失去发言兴趣。

与此相对,另外一种伪倾听时常出现在有一定经验的教师身上。有的教师过于注重"正确的答案",希望学生的发言能放进正确的答案里,对于学生的发散性思维与独立见解缺乏接纳的心态。这部分教师往往想方设法把学生引入自己预设的教学中,忽略那些背离自己想法的发言。在这种课堂氛围下,学生是否是真的聆听,可以简要概括刚刚学生发言的要点,看是否准确了解了他的意思。

(2)倾听过程中的非言语行为。非言语行为在人际互动中发挥着重要的作用,借助一定的身势语言对说话人的话语做出适当反应,即使不说话,也能够传递"我正在倾听"的信息。倾听中比较常用的非言语行为一般包括点头、目光接触、面部表情及身体前倾等。

第一,点头。点头既可以是中性的含义,表示接收到了信息(听到了、知道了),鼓励对方继续说,例如"嗯,了解""然后呢""还有补充吗",也可以在态度上表达同意或者赞许,如"是的""没错""很好"。为了准确表达自己的意思,在点头时可以结合语言线索加以区分。

第二,目光接触。对于说话的人而言,避免注视对方,常常是焦虑、不舒服或者不想再与别人交流的信号。对于倾听者而言,太少的目光接触,会让说话的人觉得听者对谈话没有兴趣,并且在回避这个话题。而太多的目光接触有时也会使对方感觉不舒服,特别是在有明显的权力不对等的关系的时候,会有胁迫的感觉,学生有可能会感觉被支配、被控制。所以讲话时看着学生,在听学生讲话时让学生感受到被关注,是心理健康教师最基本的倾听态度。

第三,面部表情。早在人类拥有语言之前,人们就运用面部表情来传达情绪和信息了。例如,皱眉可能代表不满意或者困惑,眉毛上扬可能代表惊讶,单侧眉毛上扬可能意味着怀疑,等等。有的老师在专注或者思考的时候会无意识地皱眉,有的教师在听到学生的回答时习惯性地显得很惊讶,还有的老师习惯性地微笑。微笑是一个大家公认还不错的表情,尽管微笑使人看起来很友好,而且能够鼓励学生表达,但过度的微笑也可能被看作

---

① 刘宣文,赵晶. 学校心理健康教育课程设计与教法 [M]. 北京:中国人民大学出版社,2020:67.

是不够真诚、不够投入的表现，有时也会阻碍学生探讨深入或者严肃的话题。

第四，身体前倾。刚毕业不久的老师在上课的时候，常常把自己的活动范围限定在讲台附近，从讲台的一端走到另一端，除了场地所限等客观原因，只在讲台上活动可能意味着教师的胆怯，所以把讲台作为屏障。这样和学生交谈会有一种距离感，比较好的做法是在问问题时离开讲台，到学生中去，在学生发言的时候靠近他们，身体微微前倾，不要受到讲台的束缚。

2. 共情

共情是指个体在人际交往中，对他人的情绪、情感感同身受的同时，产生理性认知并给予他人相应反馈的一种能力。将共情融入大学教学当中，教学应以学生为中心，教师必须广泛了解学生，对学生真诚尊重，力求营造情感融洽的学习氛围，促进学生端正学习态度，使其实现自我成长。

在心理健康课程上使用共情，可以起到三个作用：第一，和学生站在同一视角，从而更能准确地掌握信息；第二，学生会感到自己被悦纳、理解，得到关注，有助于建立融洽的师生关系；第三，促进学生的自我表达、自我探索，使学生能够更积极地参与到课堂中来。

（1）表达共情的方法。使用共情最重要的是态度，不适合把它当成"技术""工具"来学习。

第一，描述非言语行为。描述非言语行为是最直观的方法，教师可以通过描述学生的非言语行为推测他此刻的感受、想法。非言语行为包括学生的表情、姿势、动作等。

第二，对深层情感的反馈。如果老师觉察到学生话语之外的情感，就可以进行反馈。这并不是在分析学生的行为，而是推测学生可能的情绪感受。这种情绪是学生尚未意识到的，但言下之意已经呼之欲出。

第三，指出矛盾的感觉和想法。学生所呈现的复杂感受以及矛盾的想法，往往暗示真正的问题所在。只有让学生清楚地意识到这些冲突，他才能更好地理解自己，重新认识问题，进而在之后做出更明智的选择。

第四，运用隐喻。有时学生难以具体地描述自己的情绪，或者陷在某种情绪里难以继续思考，教师就可以将学生的处境用一种更直观、更容易理解的情境做类比，这个情境可以源自常识、故事、绘本，也可以是学生熟悉的文学或影视作品。由于讨论的是隐喻的情境，学生就跳出了"只缘身在此山中"的局限，更容易启发思考。

（2）表达共情的注意事项。共情需要教师将专注、倾听、真诚综合运用到一起，传达所听、所见、所思、所感。

第一，试着用学生的眼光看问题，把自己放到学生的处境上，尝试感受学生的内在。

第二，表达共情的时候，语言要符合学生的使用习惯，如学生说自己最近很"丧"，老师就可以使用他的词语进行反馈，这样比较容易被理解和接受。

第三，如果不太确定自己的理解是否正确，可以使用询问的口气来表达，欢迎学生修正。

第四，老师只是理解了学生，而不是成为他。老师仍然要有自己的立场，可以提出和他不一样的想法。

第五，共情的表达要适当，课堂毕竟不是咨询室。对于不同的学生、不同的话题要选择适当的时机，而且不宜做深度分析，如学生的家庭情况就不适合在课堂上深入探讨。

第六，非言语行为是一条不错的线索，别忽视了它。老师可以留心观察学生的非言语行为，同时在学生说话的时候也可以身体前倾、点头，并投以鼓励的眼神。

第七，记得自己的教师身份，老师面对的不是个别学生，还有班上的其他人，要让其他人也有收获。

（二）促进分享的教学技术

1. 鼓励

（1）鼓励在教育中的作用。鼓励作为一项行为改变的重要技术，能引导个体发展社会兴趣，展现出人本身所具有的自主选择、决定的能力。鼓励能有效降低悲观主义，引导并促进有利的社会行为产生。简言之，鼓励允许人可以犯错，失败时不用自责；信赖人的潜力，相信人有能力引导自己的生活，解决自己的问题。

鼓励是教育过程中十分必要的条件，有了鼓励，学生对自己的爱、接纳与信任就会日益增加，勇于面对人生中的挑战。学生不需要再用不良的行为来获取所需要的注意力、关爱、肯定、价值感与归属感，就能在团体中找到自己的一席之地，贡献自己的力量，发现自己的价值。

学生得到鼓励之后，常常更有自信、不怕失败、更愿意尝试新事物。在学习领域获得鼓励的学生更能投入学习活动，态度也变得更加主动、专注，更愿意努力练习，还会表现出更多创意。在人际领域，被鼓励的学生，人际适应也更为良好，具体表现为：更能观察他人的言行与心理需要，更愿意与人合作、分享和帮助别人，更有群体认同感和归属感。将鼓励应用在课堂场景中，有助于师生之间建立互相信任、互相尊重的关系。少了外力强制的要求和控制，学生通过成人的鼓励得到了成人积极的关注、获得了归属感这类正向的经验，也会使学生更乐于与他人合作。

（2）鼓励的原则。鼓励是一个催化的过程，帮助个人发展内在的资源与勇气，往积极正面的方向前进。鼓励不是操控，不应该只被用来强迫学生学习，或被视为解决学生问题的工具,更不该在学生不良行为消失时停止鼓励。教师运用鼓励时,应着眼于积极的目标,帮助学生建立自尊、发展正向生活形态及社会兴趣。例如,以鼓励表达对学生的接纳,使学生建立良好的自我概念和品格,增添学生面对挑战的勇气和合作的行为,从"我不能"转变为"我愿意尝试",促进学生的全面发展。教师在给予学生鼓励时应遵循以下基本原则:

第一,相信学生是可以把事情做好的。

第二,鼓励学生去试试看,结果不理想也没有关系。

第三,失败也是有价值的,可以从中学习新的经验。

第四,不设过高标准,使学生有成功经验。

第五,尊重学生的想法,肯定他已做出的努力。

第六,接纳学生,使他自己也能喜欢自己。

第七,鼓励学生为了自己的目标做出行动。

教师能给予学生最基本的鼓励,就是即使学生的表现和自身的预期相去甚远,也仍然不会否定这个学生的价值,让他觉得自己一无是处。接纳学生、信任学生,尊重学生的独特性,着眼于学生已经做到的、做得好的、做对了的,甚至肯定他有努力做的意图,减少挑错的次数,不放弃任何一个学生,重视过程胜于结果,相信学生一定会有改变或者进步,有了鼓励的支持,他也会持续进步。总而言之,鼓励就是给学生勇气,是一种借由互动传递给学生的感受,让学生感觉到自己的存在本身就具有价值。鼓励的内容是学生的优点、长处和贡献。鼓励的目的是帮助学生培养对自己的积极信念与态度。学生被看见、被关注,就会表现出更多相同的行为。老师的鼓励能发挥一种引导的功能,使学生产生新的关注焦点、具体努力的方向,以及更强烈的努力意愿。

(3) 鼓励的方法。鼓励其实需要多重技术的结合,通常包括建立关系、积极聆听、及时回应、相互尊重等。例如,使用共情与学生建立信任,让学生在接纳的氛围中认识自己,并有做自己的勇气;在学习中陪伴并协助学生,使学生逐步建立自信,激起学生不断努力与尝试的动力;用一双发现的眼睛发掘并点明学生的优点,帮助学生认识自己的独特;根据学生的发展程度赋予学生特定的任务,对学生表达信任,并在完成之后对学生表示欣赏;看重学生的努力,肯定学生付出的心血,这同时也达到了让学生看重自己的目的;在学生面对挫折时,表现出对学生的信心,激发学生对自己的积极看法;即使在学生犯错时,也要包容学生的错误,鼓励和帮助学生找出问题;协助学生以幽默感面对挫折,帮助学生在失败中发现意义,用正确的方法鼓励学生向正确的方向努力。

当然,鼓励的传递,仅凭认知和态度的转变远远不够,还需要语言的表达。鼓励本身也是有方法有技巧的,不需要长篇大论,也能达到效果,具体公式如下:

第一，肯定特质或能力的鼓励=指出特质或能力+描述实际的行为表现或具体事件。

第二，指出贡献与感谢的鼓励=具体行为+该行为带来的影响。

第三，看重努力与进步的鼓励=描述成果或表现+指出努力与进步。

第四，表示信心的鼓励=陈述支持信心的客观依据+我相信……

第五，传达接纳与认可的鼓励=描述具体的行为、表现、情绪、意图、态度与兴趣。

2. 自我表露

自我表露是构成个人沟通能力不可或缺的要素，是指个体与他人交往时，自愿地在他人面前将自己内心的感觉和想法真实地表现出来。自我表露可以分为两种类型：描述性自我表露和评价性自我表露。描述性自我表露主要是指对事实信息的表露，包括有关个人的思想经历等；评价性自我表露是指个人对自己的感受评价或判断的表露，包括自我评价、内心感受等。

根据自我表露内容的性质，自我表露也可分为正向的自我表露和负向的自我表露。正向的自我表露主要指表露的内容是有关个人积极向上的部分，不会对自己产生不良影响；负向的自我表露主要指表露的内容是个人试图隐瞒的或不愿意表露的部分，会对自己的形象产生不良影响。那些积极自我表露的人，会对个体形成更大的吸引力，尤其在关系发展的初始阶段。正向的自我表露在交往初期较多，随着关系的深入，负向的自我表露可能会增多。

（1）自我表露的好处与风险。自我表露对人际关系的建立和保持有着一定的影响，是一种减小人际距离和发展亲密关系的重要方式。因为表露有关私密性质的信息，能够带来更多的亲密感，能够增进双方更多的自我表露行为，增加表露信息者的人际吸引力。我们喜欢那些乐意分享故事的人，而且能感到他们的吸引力，并产生正向情感。当朋友分享个人的、亲密的信息时，我们会觉得自己被信任，友谊也得到巩固。反之，自我表露程度低的人更容易体验到更强烈的孤独感，在生活中呈现出人际退缩、自我评价低，或者由于在交往中总是表现边缘，而被同伴忽视、冷落，更进一步引发焦虑、敏感的消极情绪体验，甚至影响学业。

对相当一部分人而言，向别人敞开心扉谈自己的感受和观点是非常困难的。他们担心不被认同，害怕被拒绝，也担心对方辜负我们的信任，这些都会阻碍自我表露。因此，当基于互联网的社交媒体成为一种选择时，相当一部分人更愿意在虚拟世界中进行程度更深的自我表露。

当然自我表露不可避免地会带来一定的风险，其中较常见的风险包括：①可能会引起他人的退缩或拒绝；②可能受到来自不同对象的嘲讽、漠不关心；③表露的信息被对方用来在关系中获得控制或权利；④混淆个人界限。

（2）课堂中的自我表露。课堂中的自我表露一方面来自学生；另一方面来自教师，需要师生将课堂主题与各自的生命经验相结合，提供多元的资讯及回馈，增进彼此的了解，产生认同感。无论是教师的自我表露还是学生的自我表露，都要建立在一定的关系基础之上，在课程开始就营造一种安全的氛围。

第一，鼓励学生适度自我表露。班级是学生在家庭之外最重要的成长和发展的场所。学生长期在班集体中一起学习、一起生活。他们的年龄相仿、生活形态相近，他们关注的问题大多也有一定的代表性。想法经过语言的整理会变得更清晰，从而使我们对事情的理解更深入。学生在同伴的圈子里分享彼此的想法之后，如果有人表示"深有同感"，他们的心里就会感到莫大的支持和安慰；如果有人还有不错的解决方法，也可以当作观察学习的榜样或参考，这比起老师的榜样看上去更具吸引力；而当有人提供了不一样的经验、想法时，他们也有机会听听另一种声音。当然这可能会引起课堂暂时的混乱，但教师可以提前与学生商定课堂规范，使这个讨论对学生后续的思考以及问题解决有实际的价值，帮助学生判断怎样的行为是群体可以接受的、哪些是不能接受的。

想要学生在课堂上自发地表达自己的想法、感受需要一个过程，教师可以观察学生在课堂上的非言语行为，如有没有明显的情绪波动、是否存在似乎有话说却欲言又止的情况等。如果有学生出现这些状况，关注到他，并做出邀请，如果学生比较犹豫，我们可以让他保持自己的节奏，或者表示没关系，可以再想想。鼓励学生自我表露要注意保护学生的隐私，像兴趣爱好、学校经历、学习情况、观点态度这些一般是学生比较没有顾忌的，但交友情况、家庭情况、父母关系等内容可能会是部分学生比较敏感的话题。教师只需去引导，不必催促他们一定要说些什么。强迫学生盲目地多说只会引起学生的抵触。

除了考虑自我表露的潜在风险以外，学生可能一开始对自我表露时该说些什么不是很清楚，或者对自我表露存在一定的误解。事实上，除了自己的感受想法以外，自我表露的内容还可以是对方行为背后的动机。如果不喜欢对方的做法，告诉他，并提出替代的方法，然后开启讨论如何改善、解决的循环。

教师可以用举例或者角色扮演等多元的形式让学生练习，除了老师举的例子，也可以由学生提出他们觉得在自我表露时觉得困难的场景，让学生自己来讨论怎么做比较好。教师只给出基本原则：在遵守课堂秩序、尊重教师与同学的基本框架下，表达真实感受，而不是发泄情绪，尝试在理解对方的基础上，共同寻求解决问题的方法。

课堂教学是由多个环节或部分组成的，自我表露毕竟是教学过程中的一环，并非越多越好。课堂时间有限，也没有办法要求每个人都说自己的故事。所以在实践中应结合课程目标做调整，以免占用过多时间，影响课堂教学的完整性。

第二，教师的自我表露。教师的自我表露可以表明教师对课堂的投入，有助于增进学生对教师的理解与信任。教师的自我表露也可以反过来促进学生的自我表露。教师的自我表露主要有两方面的内容：一是当学生发言完毕时，向学生表明自己此时对学生言行的感知；二是告诉学生自己过去的一些情绪体验、经历。针对课程内容讲一个名人轶事不如讲述自己的亲身经历吸引人。教师通过自我表露表示自己曾经和学生一样有过类似的经历，可以很好地表示对学生的理解。

教师在使用自我表露时要有明确的目的。如果是想要共情学生，让学生知道老师有类似的经历就达到了目的，不能喧宾夺主。故事无须讲得太过精彩。教师的目的是借助自我表露来促进学生的自我表露。展现开放的态度可以有良好的示范作用，促进学生的参与和互动。

3. 提问

提问和考试是让学生参与到课堂中来的重要方法。尽管教师可以设计更多的活动，让自己所讲的内容更生动、更幽默，但总有学生无动于衷。因此，除了确定教学目标、设计活动激发兴趣，教师要问一些问题，鼓励学生参与进来。有的老师总能关注到一些重要的细节，抛出一些关键性问题，从而让全班学生的头脑在一节课的时间内不停地运转。但是更多的时候，教师陷入的是"自问自答"的状态。可见，通过简单提问的方式，并不一定能达到让学生融入课堂的效果。

（1）课堂提问存在的问题。在很多课堂上，我们都能发现"IRE"式的对话结构，即教师提问（initiation）—学生应答（response）—教师反馈（evaluation），这种由教师主导的对话很有结构性，每个人都知道流程，但却使得课堂中师生间的交流显得沉闷，难以出现思维的闪光。总结其中的原因为以下方面：

第一，教师提问以封闭式问题居多，如"是否""有没有""可以不可以"等，留给学生思考想象的空间较少，更多是希望从学生那里得到确切的回答、完成既有的教学步骤，过渡到下一个教学环节。

第二，教师关注答案多于关注学生。当学生给出的答案不符合预期时，教师可能选择忽略或者点下一个同学来回答，直到学生的回答基本符合教师预期为止，这在一定程度上影响了学生思考和回答问题的积极性。

第三，针对讲授内容的提问比较多，针对学生回答之后的追问很少，如问学生是怎么得出这个答案的，他选择某个立场的原因。

第四，习惯于讲授—指令—提问—再次讲授的流程，或讲授完直接提问再发出指令，这样的提问目的仅仅是要确保学生准确接收到了老师所讲的内容或指令，抑制了学生的主观能动性，纵使设计了好的活动操作或自我反思环节，由于未能给学生预留充分的时间分享或深入探索，学生获得体验也是表层的、不深入的，影响学生的课堂参与感，活动难以达到预期的目的。

第五，无论是被动回答还是主动回答，学生回答问题之后得到的反馈都不太够。在有些老师的课堂上，学生很少能得到教师的表扬、肯定等正面回应。提问似乎只是课堂的装饰，之后就进入下一个教学环节。教师没能通过提问真正从学生那里得到更多有价值的信息，也没有促进他们进一步思考。

（2）如何提问。提问的目的是帮学生澄清和探索自己的想法，并不一定要从他们那里得到明确的答案。和答案比起来，心理健康教育教师更注重学生的思考过程和方式。想要达到这样的目的，掌握一定的提问方法会事半功倍。

第一，开放式提问。封闭式提问用于澄清和确认事实，开放式提问能够促进学生分享，进一步探索。封闭式提问不是不能用，而是由于其答案已经暗含在问题中，不利于对话的展开，所以需要结合课程设计与开放式提问搭配使用。区分一个问题是不是开放式问题，除了字面上包含"有没有""是不是""对不对""好不好"以外，还有一个方法就是看能不能把这个问题问得再开放一点。为了避免模式化，开放式的提问在句式上也要有所变化，例如，"你说的这一点很特别，能再跟大家具体说说吗？"

第二，追问时少用"为什么"开头。追问发生在学生回答了教师的问题之后，教师的追问针对的是具体的个人，所以这时候应减少以"为什么"开头的问题，例如，"为什么你会这么想？""为什么你不选 A 方案？"这听上去感觉像是在质疑学生的想法很奇怪，或暗示学生的想法不对。对于听到这句话的学生来说，第一时间想到的就是去解释，不由自主地启动防御机制替自己辩护。教师可以用"什么""怎样""如何"来替换"为什么"，例如，"刚刚你给了××一些很好的建议，你是怎么想到的？"

第三，问题要聚焦。提问的句式可以是开放性的，但问题不能提得太大。提问的精细程度，直接决定了学生回答的详细程度。聚焦性的问题指引学生逐一思考问题的不同层面，能够帮助学生加深对问题的理解，也为不善表达的同学提供一个可以依循的结构，提供发言的方向。

第四，对于一些心思敏感的学生，需要设置问题的情境。例如，在讨论中学生的早恋、网络过度使用等主题时，当教师问学生"你是怎么想的？""是你的话你会怎么做？"，如果他们自身有这样的困扰，或是他们的朋友有类似的困扰，这时候被老师叫起来回答问题，他们可能会有顾忌，出于压力而做出一些敷衍的回答。如果事先设置一个案例，问学生案例中的同学会怎么做，可能给他的生活带来哪些影响，由于学生不是当事人，而是事件的旁观者，可以去分析、议论、假设、建议……这样学生就比较容易多说一点，而且内容更易反映出学生内心真正的想法。

第五，把握提问时机。提问是为了促进学生的思考，不是打断、转移、抑制他们的思考。认真思考再回答问题本身没错，只是在不断变化的课堂氛围中，如果教师能够做出适时的调整，并不只是按部就班地完成教学设计，而是呵护学生积极表达的愿望，也许他们会更愿意分享自己，教师也更能听到他们真实的想法。

（3）回应。如果一个学生在期望得到鼓励的时候没有得到鼓励，在应该得到惩罚时没有受到惩罚，这就是没有回应，也叫作无反馈。无反馈容易引发个体难以确认自身的价值，产生困惑，甚至产生向外或向内的攻击性。很多家庭对学生漠不关心，学生想方设法都不能得到足够的关注，就是一种无反馈。

教师提问的时候希望同学们纷纷举手，踊跃发言。同理，学生回答问题之后也希望得到教师的回应。当然大家都期待得到积极的、正面的回应，不过即使是负面的评价、批评也比没有回应要好得多。教师的回应总结起来大致有四类：①教师清楚了解学生所说的，只是发表评论，或问一个希望得到更多资讯的问题；②为了延伸性的合作，引出学生更完整的讲述；③提出问题表达困惑，便于更清楚准确地了解学生；④用问题将话题转移到自己比较了解或者评价较高的事情上。这四类回应没有高低之分，在应用上主要取决于教师当时的目的。教师在回应过程中需要注意以下原则：

第一，回应不是点评，不能只是评价学生发言内容的对错好坏。学生的态度、说话的方式、思考的角度等都是可以回应的内容。

第二，要具体而有针对性。教师在课堂上给予学生的口头反馈，往往很简单，如"很好""说得不错""你的想法很奇特""哦，你是这样想的"。没有差别的回应用在任何学生身上都可以，学生不会感到自己的发言内容是有价值的。

第三，不只是回应有待加强的方面，还要具体指出做得好的方面。看到学生的优点比指出他的不足更能鼓励学生进步，也会让学生更愿意表达自己的想法。

第四，回应是针对此时此地的，过去的表现和成绩可能有关系，但不是重点。看重学生此刻的表现，用成长的视角拓展他们发展的可能性。

第五，平衡启发性与指导性。根据学生的发展水平，决定回应时是多一点直接建议还是多一点启发性的话语让学生自己探索。

教师可以选择的回应方式有很多，例如简述学生的观点、继续追问、帮助学生厘清观点、整理学生的观点、问同组的学生是否有补充、与不同观点的学生辩论等。总而言之，教师在回应学生时应保持一定的敏感度，回应对学生而言重要的事，回应的内容应该和学生的叙述相关。

（4）教会学生进行提问。课堂中，教师是知识的拥有者和传授者，这是一个不争的事实，因而教师也就成了知识的代言人。学生如果习惯了这种身份设定，在学习过程中，也就没有思考的动力。

提出一个问题往往比解决一个问题更重要。其实很多教师意识到了这一点，他们会在课程中间时不时地加一句："大家有问题要问吗？有的话举手示意我。"教师给学生预留了提问的机会，然而在现实的课堂上通常难有回应。有的学生是"不敢问"，有的学生不想引人注意，觉得在公开场合提问的压力比较大，有的学生担心自己的问题不够深刻，还有的学生是"不会问"，他们没有提问的习惯，不知道如何提问。

对于"不会问"的学生，在请他们提问之前可以留出适当的思考时间。而对于"不敢问"的学生，教师可以透过对非言语行为的敏锐观察，直接拣选出想要提问却欲言又止的学生，用能够被他们接纳的语言邀请学生提问，在提问之后通过重述问题内容或肯定的方式，强化学生提问的勇气和行为；也可以采用分组的方式，请学生在小组里提问，待小组简要讨论之后再放到班级范围进一步讨论，这样就会减小学生提问的压力。对于习惯被动回答问题的同学，教师还可以根据学生表述的内容进行追问，促使学生进一步体悟。

问题，是思考的开始。心理教师应发挥自身学科特征，减少对课堂的控制，激发学生的自主性。若能鼓励学生主动提问，那么学生的思考能力会有更好的发展，也有利于后续课程内容的深化，对于学生的成长意义重大。

（三）促进反思的教学技术

1. 引导

体验是促使学生"心动"的催化剂，是解决知行脱节问题的关键。体验教学就是以培养学生独立、自主、创新等主体精神为目标，以营造教学氛围、激发学生情感为主要特点，以学生自我体验为主要学习方式，力求在师生互动的教学过程中，实现认知过程和情感体验过程的有机结合。引导不在于告诉学生哪些是对的，而是协助学生去思考，找出生命的可能性。

（1）三阶段引导模式。三阶段引导模式参照经验学习的循环，由三个问题构成，包括What——发生了什么、So What——所以怎么样，以及Now What——现在又怎样。

第一，What。侧重活动本身发生的事件或观察感受到的事实，主要探寻发生于小组及个人的活动经验。以问题描述为主，重点在于事实的发现。例如，"你刚刚体验到了什么？你发现了什么？别人发现了吗？你的感觉如何？"

第二，So What。So What 是转化性提问，涉及活动过程中所发生的事实现象与生活的联结性，目的是询问学生的解释，引导学生联系自身，思考经历的结果对于个人的意义。例如，"从刚刚的活动中，你有什么样的收获？你想到生活中有什么类似的情况吗？"

第三，Now What。Now What 是行动导向的提问，为最重要的环节，旨在将活动中所学到的经验带到下一阶段活动，进而转化为实践，在真实生活中运用。例如，"经过这个活动,我们学到了××。那么,生活中的哪些地方能够发挥出它的作用呢?刚刚的经验如果用在生活中,需要注意什么呢?有什么需要改进的地方呢?"

(2)漏斗法。依次运用不同系列的"漏斗",引导学生将最初的经验逐步转化为实际生活中的行动。六个"漏斗"依次为回顾、回忆与记忆、感受与影响、综合、应用、承诺。漏斗法的特点在于以参与者为中心,按经验学习法的顺序聚焦学习体验,并逐步建立实践承诺。因此,教师须按小组及组员需求计划引导内容与方向。

第一,回顾。回顾重要及明显的内容,例如,"刚刚的活动过程中,你们小组的沟通情况是怎么样的?"

第二,回忆与记忆。回溯关键事件,例如,"回想一下,哪个时候讨论进行得不太顺利?""当时你听到了什么?"

第三,感受与影响。陈述感受并识别其个人、小组及任务的影响,例如,"你们的感觉如何?""当你提出了意见,但似乎没有人听的时候,你有什么感觉?""对活动任务有什么影响?"

第四,综合。总结学习重点,例如,"就刚刚对问题的讨论,能够总结出哪些要点?""你对其中的哪几点比较有感触?"

第五,应用。将所学应用于工作或学习等其他方面,例如,"如果类似的情况发生,你的处境是什么样的?""具体用在你的生活中,你会怎么做呢?"

第六,承诺。促进改变行动,例如,"今天的活动结束后,针对××方面,你会做些什么和之前不同的事吗?""你计划从哪里开始呢?"

(3)分配思考角色——六项思考帽。六项思考帽是英国学者爱德华·德·波诺博士开发的一种思维训练模式,它以蓝、白、红、黄、黑、绿六种颜色来表示思维,用帽子作为比喻,给思考一个指引地图。这个活动可以刺激学生多元思考,培养学生的批判性思维。

六顶帽子思考法是一种集体性的思考,利用六种不同颜色的帽子来引导学生进入不同的思考维度。而这些戴帽者在分享意见后,可互相交换帽子,重新依照帽子所代表的思考角色,再进行一次活动。六种颜色的帽子代表的意义如下:

第一,蓝色帽子。蓝色帽子代表思考历程,负责调控思考的整个过程。它负责安排思考的先后顺序和分配思考时间,指引思考的方向,就像一个乐队的指挥。思考一旦开始,我们就要戴上蓝色帽子,对所思考的问题进行定义,为整个思考的过程确定目标和方向,之后再考虑从哪些方面进行思考,再计划每个方面思考所花费的时间。在集体讨论的时候,蓝色帽子就是主持人的角色,确保参与讨论的人按照预定流程进行思考。例如,"问题已经完成了多少?""我们的目标是什么?""下一步是什么?"

第二,白色帽子。白色帽子代表资讯。思考问题也需要第一手原料。解决问题和做出决定都离不开对事实的了解。白色思考帽的作用就是帮助我们充分搜集数据，探索所有需要了解的信息。它确保我们客观全面地去了解事物，在此基础上再做进一步的思考。在小组探讨问题的时候，所有参与者都要说出自己所掌握的信息和了解的情况。通过这顶帽子，学生可以了解自己不知道而别人知晓的信息，达到信息共享，不至于大家在信息不对称的情况下对一件事情进行讨论。

白帽思考使我们获得更有质量的信息。我们做出任何的决策都会依据所掌握的信息，而很多错误的决定都源于对某些信息不了解，错误的信息则会影响我们的判断。戴上白色帽子就意味着要去思考是否遗漏了一些信息，以及如何取得这些信息。

第三，红色帽子。热情的红色象征情感、直觉。红帽思考是我们最常使用的一种传统思考方式。当我们喜欢某个人的时候，自然容易接受他提出的观点。反之，当我们不喜欢一个人的时候，即使他提出的观点很好，通常我们也难以耐心地听下去。红色思考帽为情感、感觉、直觉提供了表达的机会，也只有让别人把感觉表达出来，我们才能对事情有所判断和衡量。它就像是温度计一样可以测量大家处在什么状态，了解小组内对某一观点的支持或反对程度。红色思考帽创造了更多的机会去让组内成员释放情绪和互相了解感受，并让个人意识到如何控制和调节自己的情绪。使用红色帽子时，可以限定时间，如在30秒之内给出答案，而不用去证明感受的合理性。

第四，黄色帽子。黄色象征阳光与乐观，表示"价值和利益"。戴上黄色思考帽，能让我们把注意力集中到发现价值、好处和利益方面，尤其是别人不容易寻找出价值的地方。同时，黄色思考帽可以让我们寻找到机遇和积极的方面，特别是在遇到问题和困难时，更要学会戴上黄色思考帽，鼓励学生设想充满希望与有利的情境是怎样的，优点有哪些，哪一个比较有利，都有哪些人会受益，等等。

第五，黑色帽子。谨慎的黑色，表示风险和问题。戴上黑色思考帽，只专注缺陷，找到问题所在。生活中我们无时无刻不面临选择和决定。在做决定之前，我们不得不对风险和潜在的问题做思考。虽然有的风险仅凭直觉很难一眼发现，但只要多努力一点就会找到。这种努力就是黑色思考帽所能做到的，使我们一段时间只专注于对风险和问题的寻找，这样很多问题就相对容易被发现。在小组讨论中，我们还可以发挥团队的力量，让成员一起从不同的层面和视角去查找问题和风险。

第六，绿色帽子。生机勃勃的绿色表示"创意和想法"，涉及成长、活力和生命。绿色思考帽为创新提供了培育的土壤，鼓励大学生计划未来，选择新的想法与新的行动。戴上绿色思考帽，我们就专注于想点子，寻找解决办法。在这个时间段，不对想出来的方案做评价，任由成员发挥创造力。通常别人提出想法的时候，我们会自然地进行判断，考虑这个主意是否可行，又会考虑为什么不行。当别人提出为什么不行的时候，我们就会辩论为什么行。这样一来，很多有价值的观点在萌芽状态就被抹杀了。绿色思考帽要求把所有的点子都排列出来，不进行判断，鼓励把这些已有的点子作为"跳板"而引导到更新的想法上去。例如："我们还能用别的方法做这件事吗？""可能发生什么呢？"

在使用六顶思考帽的时候，顺序可以根据需要调换，如讨论情绪性的话题时可以是红—黄—黑—绿—白—绿—红—蓝，讨论中性话题时可以是蓝—白—绿—黄—黑—蓝—红—黑—红—蓝，需要学生重点发挥创造性思维时可以是绿—白—绿—蓝—黄—红—蓝。以上给出的流程只是参考，不一定要完全按照这个顺序，而进行多长时间的讨论也要根据主题难易程度和学生的思考进程来把握。

2. 聚焦

引导学生反思的时候，很多新手教师要么无从下手，要么想法太多自己也混乱。此时聚焦就像是一盏聚光灯，你可以根据需要，选择不同的范畴，或在某一个范畴之下深入探讨，或让学生关注他们忽视的部分。聚焦的范畴包括话题、人、活动。

话题是最常涉及的范畴，包括所有在小组内发生的、不以个人为中心的议题，如与主题有关的观点、成员关心的话题，以及短时间可以处理的议题。可以请学生在小组内轮流发言，或者两人一组谈谈对××问题的看法，之后再回到大组进行统整。

聚焦于人，通常是为了引导一些表现特殊的学生，例如沉默寡言的、情绪激动的、扰乱课堂纪律的或打破规则的等。教师不对他们的行为做评价，如实描述学生可观察到的外在表现，帮助学生觉察自身的状态，包括身体感受、情绪体验、态度想法等。当学生表达了自身的感受之后，可以询问同组的同学，谁有类似的想法或感受，谁有不一样的体验，具体是哪些内容。

聚焦于活动，目的多半是将焦点放在活动进程上，也可以当作聚焦于人或话题的准备。教师通过观察活动的进程，发现一些值得注意的特殊时刻。例如学生在活动中遇到困难或者观点产生分歧，只要不影响整体进程，教师无须立即做出反应，可以继续留意他们接下来是如何应对的，然后将这一过程简要地反馈给学生，询问他们对此的看法。善于使用聚焦可以帮助教师把握课堂节奏，可避免课堂的混乱。

第四节　大学心理健康课程的评价与专业发展

在目标导向的课程设计中，教师和学生都需要清楚地知道学习要达到的目标、达成目标最好的途径，以及目标是否已经达成。想要知道目标是否已经达成，需要系统收集证据，进行全面评估。

一、大学心理健康课程的评价体系

教学设计的功能包括调整教学和改进教学，这些工作建立在教学评价的基础之上。评价是教学中自始至终的重要工作。

（一）课程评价的本质与目的

1. 课程评价的本质

课程系统有三项基本的职能：编制课程，实施课程，评价课程和课程系统的效率。所谓课程评价，就是根据一定的标准和原则，运用科学的方法和手段，对课程设计、课程实施以及整个课程系统进行价值判断。课程评价作为学校教育评价体系中的一部分，它在职能上也必须是课程系统的一部分。课程评价至少有四个方面：课程使用的评价、课程设计的评价、学生成绩的评价、课程系统的评价。

心理健康教育课程的规划设计是否科学、合理，能否满足社会和学生的需要，有无实际价值，其实施的过程是否恰当，实施的效果如何，课程的功能是否得到最佳发挥，同样都需要进行科学的价值判断，做好心理健康教育课程评价的管理，有利于完善对心理健康教育课程的认识、设计和实施，从而推动整个课程建设的发展。

学校心理健康教育课程评价问题业已受到关注。人们提出，学校心理健康教育课程评价主要包括对课程设计、课程实施过程以及课程实施后效果进行评价，为检验其评价质量，还应对学校心理健康教育课程评价进行再评价。心理健康教育课程评价的标准从应然取向上一般包括：目标取向上的内外兼顾；对待学生要理解、尊重；运作形式上以活动为主；师生地位上以学生为主体；效果标准上全面改善心理状况；人际沟通上真诚、开放；教育措施方面重视个别对待；教师言行侧重正面示范等。心理教育课程评价应注意的问题包括：①注意评价过程的客观准确，注重实际效果；②注意评价标准的可操作性，灵活采用多种方式进行评价；③注意恰当地使用心理测验，避免副作用等。

心理教育课程是一门特殊的课程，它和智育课程不同，单靠传统的考试方式来评价课程实施的效果是不全面的，甚至是无效的，因为学生心理健康与否不能从所学的心理学知识的掌握程度来衡量，心理教育课程评价的特殊性主要表现在：第一，课程评价的整体性。表现在评价范围的全面性与学生心理的整体性；第二，课程评价的主观性。在一定的程度上，受到课程评价者意识状况和心理健康水平的影响；第三，课程评价的参照性。需要参照有关心理健康的标准来评判课程教学的效果；第四，课程评价的相对性。①表现在心理教育课程评价的标准一般具有相对性，对每个学生心理健康的评价是相对于团体水平而言的；②表现在学生个体的发展上，要根据学生的发展状况做出相对的和发展的评价。

第五，课程评价的间接性。只能通过一个人外显行为的观测或心理自评来推断他的心理品质及心理结构的形成情况，从而了解他在这个阶段的心理健康状况。正因为心理健康教育课程评价具上述特点，所以，在评价课程效果方面，面临着诸多的困难：课程教材评价缺少标准、课程实施效果难以定量评价、心理特质不易客观测量、课程成效易受其他因素影响（社会文化、意识形态、家庭、居住环境、大众传媒等）、评价工作费时费力、评价工作易出现偏差、课程工作人员缺乏评价经验等。总而言之，了解本课程评价的特殊性和困难所在，可以使课程管理更加有针对性和可操作性。

2. 课程评价的目的

评价有助于检验课程是否实现了教学目标、实现程度如何，从而判定课程设计的效果，并据此做出改进课程的决策。大学心理健康课程中评价的主要目的如下：

（1）评价可以满足领导者对介入团体工作效果的好奇与专业上的关心。

（2）通过评价获得的资料，可以帮助领导者改善领导技巧。

（3）评价有助于向机构、资助者或社会显示和证明团体工作的有效性。

（4）评价可以帮助领导者评估团体成员的进步状况，并从整体上了解是否达到团体预期的目标。

（5）评价允许团体成员及其有关人员自由地表达他们对团体的满意和不满意。

（6）评价可以协助领导者收集能与其他团体工作者分享的相关知识和信息。

（7）评价可以帮助团体领导者验证团体工作的假设。

根据这些不同目的，心理健康课程的评价可以分为诊断性评价、形成性评价和总结性评价。诊断性评价是对课程设计或教学实施中的某一过程进行评估，对问题进行判断和原因分析。形成性评价一般在课程开发或教学过程中进行，用于对教学活动进程中出现的偏差做出调整，提高心理健康教育课的教学质量。总结性评价一般是在心理健康教育课完成后进行，用于从总体上判断教学成效，为课程的进一步建设提供依据。

（二）课程评价的原则与内容

心理健康课程的评价，一方面要考虑到心理健康教育课的相同特性，需要掌握一些特定的原则；另一方面也要考虑到地区和学校的差异，在不同内容上有所侧重。

1. 课程评价的原则

心理健康教育课的评价，有自身的一些原则，内容包括以下方面：

（1）客观性和实用性原则。首先，应以实事求是的科学态度对待心理健康教育课的评价。依据课程的特点设定客观的评价标准和评价途径，从而避免主观偏见。其次，各项评价指标应具体明确，具有可操作性，避免使用模棱两可的语言表述。最后，各项评价指标和标准要切实可行，符合当前心理健康教育课的发展现状，避免使用过高或过低的标准。

（2）发展性和开放性原则。因为学生的心理素质随着年龄的变化、随着时代的变化而不断地变化和发展，所以，心理健康教育课的评价应充分体现发展性和开放性。对教学效果的评价要着眼于学生各项心理素质的发展特征和规律，使用动态性评价。另外，课程评价的内容要具有开放性，随着学生年龄变化和社会发展，进行相应调整。

（3）形成性和主体性原则。心理健康教育课注重学生在活动中的体验，其评价也注重过程性评价，注重形成性和主体性。尊重学生的主体地位和教师的主导地位，鼓励学生对课堂教学进行客观评价，鼓励教师对自身教学效果进行自评。同时也倡导师生自评与他评相结合，例如领导、专家、同事的评价。

（4）特殊性和灵活性原则。要考虑各高校的实际情况和特殊需求，评价的指标和标准、方式和途径要有一定的灵活性。另外，还要考虑到个体差异，不能要求班级里的每一个学生都达到统一的发展标准。

2. 课程评价的内容

心理健康课程有自身的特点，评价时需要关注以下方面的内容：

（1）教师的专业知识与能力是否充分；教师是否能胜任辅导教学；若仅因配课而担任课程，是否能自我充实以提高专业的知识与能力。

（2）教学单元设计是否合适；教学是否以学生为中心；是否能顾及学生旧经验。

（3）学生特质能否充分了解；是否了解班级的文化；是否了解学生的互动模式或讨论状况；是否了解学生喜欢探讨的主题；是否能善用学生的语言与学生进行互动。

（4）辅导目标是否顾及认知、技能、情意；是否包括活动单元目标、行为目标。

（5）教学过程是否流畅；教学方法是否生动有趣；是否能提高学生的学习兴趣；时间安排是否适切。

（6）评价工具是否具有较好的信度与效度；是否有适合评价目标的评价工具；若无适合的评价工具，教师能否自行编制。

（7）评价技术是否具备；是否了解评价工具的编制方法与过程；是否了解如何验证信度与效度；是否了解命题原则。

（8）评价人员是否包括教师、家长、学生；评价是否包括学生在不同情境下的行为和态度；家长与学生是否能积极地参与。

（9）评价是否涵盖开始、实施、结束与追踪等阶段，并兼顾安置性、形成性、诊断性、总结性等评价。

（10）对评价结果的解释是否正向化、鼓励化、增强化；是否能顾及团体表现与个人努力。

（11）教师教学反思是否切实；活动或教学结束后，是否填写"班级团体辅导教师活动自评表"；能否随时自省教学方法、教学内涵、师生互动、学生学习成效。

（12）教师能否剖析班级团体辅导在班级情境、教材内容、人数、时间或地点方面的限制；能否寻求替代或解决的策略。

（三）课程评价的指标与标准

心理健康教育课的评价要制定有效标准，这个标准既要符合有效教学的基本方向，又要考虑心理健康教育课的特殊性，不能简单沿用一般学科课程标准的逻辑体系。

1. 辅导目标、内容与方法评价

心理辅导活动课目标的评价应着重以"人格的健全发展"这个总目标为依据，并遵循四项原则：①适应时代需要的原则；②符合学生心理发展规律的原则；③心理成分整体协同发展的原则；④可操作性原则。

辅导内容应依据辅导目标来确定。换言之，哪些因素对于受教育者的心理发展是最需要的，它就应当成为心理辅导活动课的主要内容。对辅导方法的评价要考虑其是否正确、适当，是否有一定的艺术性和创造性。

2. 辅导活动、过程与作业评价

对暖身活动的评价要看辅导教师能否根据本单元的主题，运用生活中的资源设计相应的活动，以激发学生兴趣与动机。另外，还要看暖身活动是否能创设安全、接纳、轻松的氛围，引导学生进入辅导活动之中。对活动设计的评价要考虑以下方面：

（1）必要性。活动应依据目标来展开，所设计的活动符合辅导目标才有必要性。

（2）适切性。活动设计应符合学生的经验与心理发展水平。

（3）参与性。活动设计应能最大限度地激发学生参与的积极性。

（4）活动设计要促成学生的持续发展，辅导活动应有次序性、延续性、累加性。对活动情境创设的评价考虑情境是否来源于学生的生活实际，是否符合学生的心理发展水平和年龄特点。

对辅导过程的评价要考虑三个方面：①辅导过程是否具有安全、接纳、温暖、尊重的团体气氛；②团体中是否建立了民主、平等、合作的辅导关系；③辅导中是否有广泛、良性的学生互动和师生互动，这是团体动力的一个重要指标。

辅导作业是课内辅导的延伸，它的内容应联系学生的生活实际，拓展、强化学生所获得的知识、态度和行为。

3. 对教师表现和学生反应评价

对教师表现的评价要考虑三个重要方面：①辅导教师是否具备共情、真诚、无条件积极关注等良好的态度特质,并在辅导过程中进行了正确的表达;②辅导教师在整个辅导过程中是否能够创设、确立并维持安全和温暖的环境、信赖和理解的和谐气氛,并鼓励学生相互分享,引导学生自我探索;③教师的角色是否到位,心理健康教育课要求教师更多地扮演好朋友、小组成员、心理专家、团体领导者等角色。

对学生反应的评价要考虑三个重要方面:①学生是否能积极主动地参与到辅导活动中来;②活动中学生能否自然、投入地扮演所取得的角色;③辅导中学生是否有自我体验、自我开放与自我探索?

4. 辅导效果的评价

心理健康教育课效果的评价应从集体和个人两方面来进行。

(1) 集体角度。从集体角度看,辅导效果的评价标准为:①全校是否形成重视心理辅导的氛围;②学科教学是否借鉴心理健康教育课的某些做法,将心理辅导渗透到学科教学中去;③校风是否有积极的改观;④班级团体的凝聚力是否增强;⑤班级的满意度、荣誉感是否增强。

(2) 个体角度。从个体角度看,辅导效果的评价标准为:①辅导目标的达成度。学生是否通过辅导达到了预期的具体辅导目标,这应结合起始评价来评估。起始评价所得的资料既可作为课程设计参考,又可作为评价课程辅导效果的依据。②学生能否把知、情、行三个维度上所获取的辅导效果整合起来,并促成自我成长。③学生对心理健康教育课有无形成积极兴趣与态度。④辅导教师是否具有进一步钻研相关理论的兴趣与行为。⑤辅导教师是否在与学生建立的这种新型人际关系中体会到自我价值的实现,并在行为表现上以更积极饱满的情绪投入到为学生服务之中。

(四) 课程评价的过程与方法

1. 课程评价的过程

过程是指事物发展或活动进行的先后次序,学校心理健康教育课程评价的过程是一个由多要素构成的动态系统,它是将评价活动的各项内容,按其相互联系的活动顺序,有机地组织在一起,成为一个具有特定功能的整体,具体内容如下:

(1) 学校心理健康教育课程评价的准备阶段。凡事预则立,不预则废。准备阶段对于学校心理健康教育课程评价的过程来说,是必不可少的一个步骤,是成功地开展评价工作的前提,它将直接影响评价工作的成功与否和质量高低。准备阶段的具体工作包括以下方面:

1) 组织准备。组织准备是指成立有关的学校心理健康教育课程评价组织,如成立专门的评价委员会或评价领导小组,聘请有关专家组成专家组和动员教职员工参加评价活动。

2) 人员准备。人员准备是指组织有关人员学习学校心理健康教育课程评价的理论，使他们明确评价的目的、意义、范围、内容、原则、方法，进而以高度的责任感和实事求是的态度，认真负责地做好评价工作。

3) 方案准备。在整个准备阶段中，最具有实质性和关键性的工作就是设计评价方案。评价方案是整个评价过程的计划和蓝图，是评价活动的先行组织者。一般而言，一个完整的学校心理健康教育课程评价方案包括以下内容：

第一，明确评价目的。评价方案准备必须从明确学校心理健康教育课程评价目的开始。

第二，设计评价指标系统。指标是用诸如行为等具体化的东西来表示被评的抽象属性的项目，是根据具体的、可测的、可观察的要求而确定的学校心理健康教育课程评价的范围和内容。

第三，确定各指标相应的权重。权重是一种以数值形式表示的各项指标的相对重要性。

第四，规定评价标准。规定评价标准是指在设计评价表时，对每个等级的评价标准做出具体规定。

第五，选择评价方法。选择评价方法是指为了达到评价目的而采用的方法与手段，主要是指学校心理健康教育课程评价信息的收集与处理的方法。

第六，制定评价步骤。制定评价步骤是规定学校心理健康教育课程评价活动应包含的程序，以及这一过程应按何种先后次序进行。

第七，完成各类表格。完成各类表格是上述各项工作的延伸，主要包括按学校心理健康教育课程评价指标、权重、标准的要求设计的表格，及其他相关表格。

良好的学校心理健康教育课程评价方案应具有三个特点：①目的性。学校心理健康教育课程评价是一种有目的的活动，评价方案须体现评价目的，并从各个方面保证评价目的的实现。②可行性。评价方案应从实际出发，避免抽象的、脱离现实的要求和意见，应保证其可实施性和可操作性。③周密性。评价方案内容应细致周详，评价实施步骤完备，能对学校心理健康教育课程评价工作具有指导性。

(2) 学校心理健康教育课程评价的实施阶段。学校心理健康教育课程评价的实施阶段是实际进行评价活动的阶段，它是评价者根据评价方案所确定的指标体系、方法、步骤等，收集评价信息，并在整理和处理评价信息的基础上，做出价值判断。实施阶段的具体工作包括以下方面：

1) 预评价。为了确保学校心理健康教育课程评价的可信性和有效性，最好在正式评价之前，先进行试评，以便取得经验，完善评价方案，提高评价质量。

2) 正式评价。正式评价是实施阶段的一个重要步骤，做好这步工作的关键在于，评价者要实事求是，须防止和杜绝各种不良行为的发生。一般而言，进行正式评价包括以下方面：

第一，收集评价信息。评价信息是进行评价的客观依据，收集评价信息是进行评价的一项基础性工作。对评价信息占有得越充分，越全面，就越能使评价结果准确合理、客观科学。在学校心理健康教育课程评价中，收集评价信息的方法主要包括：心理测量法、档案袋法、情境法、协商对话法、观察法、问卷法、调查法等。

第二，整理评价信息。整理评价信息，主要是指对评价信息的全面性、准确性、适应性以及收集资料方法的可靠性，反复加以检查与核实，对评价信息进行分类与保存，以便于使用。在学校心理健康教育课程评价中，整理评价信息的方法主要有：归类，即将收集到的信息资料在规定的时间内汇集归拢，初步理出类别；审核，即将归类的信息逐一核实，去伪存真，去粗取精，对缺少的信息及时补充，对次要的、不必要的信息进行舍弃；建档，将审核后的评价信息，根据评价指标体系，分门别类地制成一定的表格或卡片，按编号建档。

第三，处理评价信息。处理评价信息是进行评价的一项核心任务，前面的信息收集与整理工作都是为其服务的。在学校心理健康教育课程评价中，处理评价信息的方法主要包括：量化评价方法、质性评价方法。量化评价方法是指运用数字或定量的统计技术将评价对象在各种评价指标中呈现出来的特征处理成为评价结果；质性评价方法是运用人文的或定性的方式对收集和整理好的评价信息进行处理。

第四，做出综合评价。做出综合评价，是指将分项评定的结果，运用教育学、统计学、模糊数学的有关理论和方法，把它们汇总成评价对象的整体综合评价。为了得出综合评价结论，评价者需对处理好的评价信息进行逐级整合，即由三级指标的评价结果算出二级指标的得分，再由二级指标的得分算出一级指标的得分，从而得出一个综合的分数。整合的方法主要有：累加法、加权求和法。

（3）学校心理健康教育课程评价的总结与反馈阶段。学校心理健康教育课程评价的总结与反馈阶段是评价过程的最后一个阶段，这一阶段完成的质量与效果好坏，直接影响评价功能的发挥。总结与反馈阶段的具体工作包括以下方面：

1) 形成评价报告。评价报告，是指在学校心理健康教育课程评价工作完成后，为了便于反馈评价信息和结论，而对评价过程、结论等进行全面叙述和提出相关建议的报告。评价报告的框架一般包括：封面、正文和附件。封面提供下列信息：评价方案的题目、评价者的姓名、评价报告接受者的姓名、评价方案实施和完成时间、呈送报告日期。正文提供下列信息：评价报告简要综述、评价方案的背景信息、评价方案实施过程的描述、结果及其分析、结论与建议。附件一般指：对正文能起到补充、说明、证实作用或与正文有密切关系的材料。

2) 反馈评价结果。反馈评价结果，是指把学校心理健康教育课程评价结果进行及时反馈，积极发挥评价的作用，帮助学生不断增强自身的心理素质，引导教师不断改进自己的教学方法，促进心理健康教育课程的不断完善与提高。反馈评价结果的信息应向三方面进行反馈：一是向有关部门领导及课程编制者汇报评价结果，为他们决策提供依据；二是向有关教师及一定范围内的同行公布评价结果，使他们可以相互借鉴，共同进步；三是向学生反馈，并对有些结论做出慎重解释，使他们增强对自己的认识。反馈评价结果的方式有多种，如书面汇报、座谈会、个别交谈等。

3) 评价的再评价。学校心理健康教育课程评价在操作过程中可能会出现一些偏差，因此，评价自身也应成为评价对象，以保证评价工作的质量。评价的再评价是指评价工作完成之后，为了检查评价方案、过程和结果，以及检验根据评价结果做出的改进工作的效果，借以及时纠正评价工作的不足或为今后的评价工作提供经验教训，而根据一定的标准，对评价工作进行的价值判断。对学校心理健康教育课程评价工作进行再评价，作用在于保证评价的科学性、规范性、可信性及有效性。

2. 课程评价的方法

心理健康教育课的评价有诸多方法，包括量化和质性评价方法。量化方法主要包括心理测量法、问卷法。质性方法主要包括观察法、访谈法、作品分析法。

（1）心理测量法。心理测量法是教师采用与课程内容和目标有关的心理测量工具，在课程实施前后进行测验，评价学生心理发展水平变化。心理测量法具有客观性，可以收集到量化数据，采用统计软件分析后可获得客观结果。运用心理测量法时，要注意测量工具的选择是否符合学生年龄特征，注意测量工具是否具有良好的信效度，注意测量情境和过程及结果解释是否已标准化。

（2）问卷法。问卷法是教师运用标准问卷，向学生了解课程实施情况，以及学生心理活动和变化的方法。教师可根据心理健康教育课的基本理论，自行设计调查指标，然后编制问卷题目和选项。可采用封闭式提问，也可以采用开放式提问。最后对收集到的结果，进行量化统计分析或质性分析。问卷法具有灵活性，教师容易掌握。但信度与效度缺乏严格检验，测量的准确性和结论的推广性都有限制。

（3）观察法。观察法是教师在自然情境下，对心理健康教育课前后学生的行为进行直接观察、记录、分析和解释的方法。采用观察法时，首先要明确观察内容，形成可操作的观察内容体系。其次要明确观察的时间，选择适当的观察策略和记录方式。常用的观察策略有参与式观察、行为核查表式观察和取样式观察。最后，采用质性方法分析观察结果。

（4）访谈法。访谈法是教师与学生进行访问和谈话的方法。访谈法不仅可以了解学生心理的变化，还可以深入了解心理变化的原因。教师不仅可以对学生进行访谈，还可以对家长、同学、班主任进行访谈，了解他人对学生的看法和态度。访谈前，教师编制科学有效的访谈提纲；访谈时要注意创设良好氛围，帮助访谈对象真诚表达自己的想法；访谈后对结果进行质性分析。

（5）作品分析法。作品分析法是教师对学生在课程中形成的作品进行分析的方法。作品分析法可以更加深入地了解学生心理变化及其变化原因。常用的作品包括学生的心理日记、心理绘画、自我分析报告等。分析学生作品时，教师要保持客观态度。

大学心理健康课程一方面可以由教师开展自我评价；另一个常用的形式是邀请督导组织教学研讨。督导是教研员或专家依靠专业知识和技能，帮助教师解决专业问题的历程。通过对教师、学生和活动历程的评价，督导能够更好地帮助教师改进心理健康教育课，提升教师专业能力。

二、大学心理健康课程的专业发展

大学心理健康课程的评价具有导学、导教的功能，还有一个重要功能是促进教师专业发展。

（一）课程的复盘

很多情况下，课程注重准备和实施，课后缺乏总结反思，这导致很多教师课上了不少，但相同的问题总是重复出现，长年累月的课程经验无法转化成有意识的知识和能力，无法用于提升日后的工作水平。为了更好地反思教学实践，从中提炼有助于专业发展的规律，可以采用复盘的形式进行课程评价。

复盘是围棋术语，本意是对弈者下完一盘棋后，将双方的下子过程重新摆一遍。心理健康教育课的复盘是教师从过去的经验、实际工作中进行学习，有效总结经验、提升能力、发展专业的成长过程。大学心理健康课程的复盘可分为回顾、反思、总结和迁移四个步骤。

1. 回顾步骤

课程结束后，教师要根据预期目标进行历程回顾，找出值得再一次重复的亮点和做法，找到需要改进的不足和短板。回顾阶段主要回答问题有：①最初设计的课程目标；②目标实现的关键结果；③目标达成度；④哪些指标可以反映目标的达成度；⑤心理课程的思路和策略，这些思路和策略是否落实；⑥课程活动如何开展；⑦基于目标与实际结果，哪些地方未达预期或有待改进。

2. 反思步骤

当课程图景重新展现后，教师要对现象背后的原因进行分析和反思，找出成功或失败的关键因素。反思阶段主要回答的问题为：①课程活动有价值的亮点；成功的促成因素，其中，主观因素和客观因素分别有哪些。②成功的关键因素有哪些，是否可以再次使用。③课程活动的关键问题是哪些，造成问题主观因素和客观因素分别有哪些。④造成问题的关键因素有哪些，今后如何避免。

3. 总结步骤

复盘的核心意义在于用经验教训提升专业能力，对课程活动和团体动力进行深入反思，萃取出能够运用到以后课程设计中的规律和策略。在回顾和反思的基础上，总结阶段要明确提炼知识主题，营造良好的研讨氛围，设计引发思考和探索的活动，引导分享者碰撞出教育智慧的灵感。总结阶段主要回答的问题有：①大家可以从这次课程活动中学到哪些内容；有何感受和领悟。②是哪个因素促使课程顺利实施，教师是如何做到的。③有哪些做法，可以坚持和推广。④有哪些做法，以后可以少做或不做。

4. 迁移步骤

通过复盘总结出的知识，只有能够迁移到新情境和新问题中，才真正属于教师的专业能力，这种迁移和转化能够让教师明确今后开始做的事情、继续做的事情、停止做的事情。迁移阶段主要回答的问题有：①如果再开展类似课程，有哪些建议。②接下来该做的事情；该补充和停止的内容有哪些。③哪些课程经验可以直接转化为教学策略。④哪些课程主题需要制订专项改进计划。

随着生物科学、认知神经科学、组织管理科学等上一级学科的发展，高校心理健康课程不断涌现出新理念和新技术。教师要保持终身学习的姿态，形成"目标—主题—内容—历程—复盘"的工作闭环，在重复的教学工作中获得专业迭代，把经验持续地转化为能力。

(二) 课程的知识管理

教育就像艺术，因为优秀的教学经验很难准确地表达、传播和大规模复制。这里的教学经验属于知识维度中的内隐知识，大部分属于知识类型中的程序性知识。而能够明确表达和传递的知识往往属于外显知识，大部分属于陈述性知识。如今创新已经蔓延到全球各个行业，教育无法置身事外。教师要尝试着通过复盘，整理和发掘自身实践经验，将个人化的内隐知识萃取提炼后，形成更具普遍性的教育外显规则，并能迁移应用到新情境中。当教师能够不断积累内隐知识、不断将内隐知识转化为外显知识，对外显知识进行重组和更新时，就能实现教育创新，这种内隐知识和外显知识的相互转化，就是知识管理的过程。

心理健康教育课的知识管理一般可以分为分享、结晶、联结和内化四种模式。

（1）分享。教师通过直接的沉浸体验，实现个体之间内隐知识的彼此传递。在学徒跟随师傅边缘性参与教学实践的历程中，虽然师傅很少直接对学徒进行语言上的明确指导，学徒还是可以通过观察、模仿、想象和重复练习，学得师傅的技艺。这种内隐知识的传递，需要老师和徒弟置身具体的实践场景，形成深厚的感情联系，通过亲身的体悟方能获得。

（2）结晶。教师通过对话、反思和课题研究，可以将个人的内隐知识用语言文字表述出来，实现由内隐知识到外显知识的传递。这种表述可以采用比喻、类比、象征等手法，也可以采用概念、假设、模型等形式。教师常常使用形象思维，对事物本质进行直觉性理解。

（3）联结。教师对外显知识进行整理，将拥有的各种概念整合为完整的知识体系，便于他人继续使用和传播。联结是学校教育通常使用的知识管理方式，可以通过文件、会议、交流、读书会等方式，对不同形式和内涵的知识，进行各种角度的重组。这种知识要素的重组和知识结构的重塑是催生新知识的重要途径。

（4）内化。掌握了外显知识后，教师可以通过"做中学"的方式，在实践中不断使用和练习，将其转化为个人的内隐知识。只有将公共的外显知识转化为个人的内隐知识，知识才能体现为个人能力，成为个人有价值的资本。有时候，通过共情地阅读或聆听他人的故事，也可以使我们感受到故事想要传递的现实和本质，进而内化故事讲述者的共享经验。

以上四个知识转化过程在现实中能够形成知识体系的螺旋结构。首先，教师在学校营建的学习共同体中，通过紧密的人际互动，感受彼此经历和教学经验，一方面分享自我的内隐知识；另一方面内化他人的内隐知识。其次，在有意义的深度对话、集体反思和复盘互动中，教师通过恰当的类比和象征，将难以明晰言说的内隐知识表达出来，形成意义结晶。结晶后的外显知识与学习共同体内既有的知识形成网络联结，形成知识拓展与创新。

通过这样的知识管理体系，课程设计能更好地转化为有价值的经验知识，为下一次的重新设计奠定良好的基础。学校逐步成为学习型组织，教师终将成为终身学习者。

第三章

互联网+时代大学生自我概念教育课程设计

第一节 大学生自我概念不同维度的认知

一、自我概念的本质

自我概念是自我意识的一种认知活动形式，被定义为个体对作为一个整体的自己的意识和体验相对稳定的观念系统。在操作性定义上，自我概念是有关自己的外貌、能力、技巧、学业水平、社会接受性等方面的自我知觉，包括主体自我、镜像自我、理想自我三个方面，每一个方面都从身体自我、能力自我、人际自我、人格自我四个角度来阐述。

自我概念、自我、自我意识这几个概念常常被互用。在西方心理学中，自我意识是自我的一个子概念，因为自我意识仅仅被看作对自己的感知和注意。当把自我作为知觉对象来研究时，自我也称自我概念，也就是个体对自己所有方面的认知。

综合来看，自我概念是一个多维度、多层次的心理系统，具有复杂的心理结构。自我概念的结构有两种比较重要的分类，具体如下：

（一）自我认识的过程

从自我认识的过程看，自我概念涉及认知、情感、意志三个方面，包括自我认知、自我体验和自我调节三个子系统。

第一，自我认知是自我概念的认知成分、首要成分，也是自我调节的心理基础，包括自我感知、自我观察、自我分析和自我评价等。其中，自我分析是在自我观察的基础上对自身状况的反思。自我评价是对自己能力、品德、行为等方面的社会价值的评估，它最能代表一个人自我认知的水平，评价方式包括他人评价、自我分析、与和自己有相似性的人进行对比,以及与自我期望相比较。

第二,自我体验是个体自己怀有的一种情绪体验、一种态度。自我体验的内容十分丰富,如自尊心与自信心、成功感与失败感、自豪感与羞耻感等。

第三,自我调节是自我概念的意志成分,主要表现为个人对自己的行为、活动和态度的调控,包括自我检查、自我监督、自我控制等。自我检查是主体在头脑中将自己的活动结果与活动目的加以比较、对照的过程。自我监督是一个人以其良心或内在的行为准则对自己的言行实行监督的过程。自我控制是主体对自身心理与行为进行主动掌控的过程。

(二)自我认识的观念

从自我认识的观念看,自我概念可分为现实自我、理想自我和投射自我。

第一,现实自我回答了"我认为我是怎样的人"的问题,是个体对自己被环境熏陶和与环境互动时所表现出的综合的现实状况和实际行为的认识,是个体从自己的立场出发对现实中的我的看法。

第二,理想自我回答了"我希望成为怎样的人"的问题,是个体从自己的立场出发对将来的我的希望,也即想象中的我。理想自我是个体想要达到的完善的形象,是个人追求的目标。理想自我的内容尽管也是客观社会现实的反映,包括对来自他人和社会的规范要求以及它们是否满足个体需要的反映,但由这些内容整合而成的理想自我却是观念上的、非实际存在的东西。

第三,投射自我,又叫作镜像自我,是个体想象中他人对自己的看法,如想象中自己在他人心目中的形象、想象中他人对自己的评价,以及由此而产生的自我感。投射自我和现实自我之间往往有距离。当距离加大时,个体便会感到自己不为别人所了解。

在上述三种自我中,现实自我和理想自我是罗杰斯对自我概念的分类。理想自我虽非现实自我,但它对个人的认知、情绪和行为的影响很大,是个人行为的动力和参考系。现实自我和理想自我的形成与社会环境的影响密切相关。现实自我产生于自我同社会环境的相互作用,理想自我则产生于这种相互作用中他人和社会规范的要求内化后在个体头脑中整合而成的自我的理想形象。

一般而言,理想自我可以在现实自我和社会环境之间起积极的调节作用,指导现实自我积极地适应社会环境,使自我意识得到健康发展。但是如果自我实现受阻,又不能得到疏导,就会产生焦虑,并导致理想自我和现实自我之间可能产生矛盾冲突,引发个体内心的混乱,从而造成生活适应上的困难。

二、自我概念的理论

（一）自我结构理论

自我包括客体我及主体我，客体我又称为经验我，是经验与意识的主体，包括所有属于个体的东西；主体我是个体知觉、想象、选择、记忆和计划的主体。

客体我由物质我（the material me）、社会我（the social me）与精神我（the spiritual me）三部分组成。

物质我包括生理自我，即个体对自己身高、体重、容貌、身材、性别等的认识以及对生理病痛、温饱饥饿、劳累疲乏的感受，还包括个体对与身体特质密切相关的衣着、打扮的意识，以及对外部世界中与个体紧密联系的人和物（如家属、财产等）的感受。物质我在情感体验上表现为自豪或自卑，在行为上表现为对身体健康和外貌美的追求、物质欲望的满足、对自己所有物的维护等。

社会我包括个体得到的来自他人的认同、尊重、赞美，以及由此得到的荣誉与名誉，还包括个体对某一时代、国家、民族的归属感和在群体中的地位、作用，以及受人尊敬、欣赏的程度。社会我在情感体验上也表现为自豪或自卑，在行为上则表现为追求名誉地位、与人交往、与人竞争、争取得到他人的认可等。

精神我包括内在的特质，如个体对个人的思想、气质、道德判断、性格、情绪等的认识和体验。精神我在情感体验上表现为自豪、自尊或自卑，在行为上表现为追求智慧和能力的发展、追求理想和信仰、注意行为符合社会规范等。

（二）心理社会发展阶段理论

如果个人对自己的了解深入，知悉个人应扮演的角色，并知道人生的意义与方向，则有助于个人价值体系的形成，使个人的生活哲学得以建立，并使人生的方向与目标不会混淆。大学生如果辨识自己顺利即能发展出忠诚的美德，因而能对自己的价值观产生信赖。同时因为有了忠诚的美德，能发展出较为稳固的自我认同感；不管外界有何挑战，都能相信自己或坚持有所为、有所不为。大学生自我认同的完成历程涉及以下的六个层面：

（1）对自己投注心力并且有稳定的承诺。

（2）建立一套价值观与信念，以形成个人的意识形态基石；有一套教育与生涯目标，以形成个人的职业基石；建立个人与异性及同性的熟识感与亲密感，以形成个人的人际基石。

（3）认同过程会受个人内在因素、人际因素与文化因素的影响。其中，个人内在因素包括个人的本能特质，人际因素包括对尊敬的人的认同与对未来期望的表达，文化因素则涵盖个人所成长的国家、社区、次级文化团体的价值观。

（4）主动和努力地去检核各种类型的工作、朋友与人生哲学，并审慎地加以选择吸收。

（5）越能发展出自我认同感的学生，越能评价自己与他人之异同，越能认识到个人的优势与限制。

（6）认同的形成具有延续与稳定的特质，但其发展从未终止。如果这个时期的心理危机不能克服，就会造成"心理社会迟滞"，将不利于未来成人角色的恰当发展。

（三）自我概念理论

自我概念理论中的自我概念可以简要地归纳为以下四点：

（1）个人对自己的了解与看法称为"自我概念"，即"我是个怎样的人？""我能做什么？"，包括个人的知觉、意见、态度、价值观等，构成具有独特性的"我"。

（2）自我概念是主观的，个人对自己的看法未必与自己所具有的客观条件相符合，有的人客观能力颇高而且颇有成就，但可能在他自己看来却是一个失败者。

（3）个人时时以自我概念为依据，评价自己的待人处事的经验。如果所得结果与自我概念不符合，就会产生焦虑，焦虑累积过多难免引起情绪的困扰。

（4）自我概念可随个人经验的增多而改变，进而发展出现实自我与理想自我。理想自我与现实自我越接近，或是理想自我是以现实自我为基础发展而来，个人的适应就越良好，生活也就越幸福。

自我意识是人格形成、发展和改变的基础，是人格能否正常发展的重要标志。

三、自我概念的辅导

在自我意识的辅导方面，有一些专业训练方法，如自我指导训练、内部归因训练等。在学校情境中，可以借由自我认识、自我体验、自我调节的发展历程，从生理自我、心理自我、社会自我等三大方面，依据学生心理特点有序地开展辅导活动。不过，从根本上而言，大学生在自我概念方面需要做好客观认识自我、积极悦纳和有效控制自我的工作。

（一）客观地认识自我

古人曰："人贵有自知之明。""贵"字不仅表明一个人有自知之明是多么难能可贵，而且意味着一个人要有自知之明也不是一件轻而易举的事，这不仅是因为"当事者迷"，而且还因为人的确难以客观地观察和把握自己。衡量他人是比较容易的，我们可以毫不费力地如实评价，而对于自己，则不那么苛刻和严厉了，面对自己的一言一行，缺点会变得很小，也许并不是有意为之，而是自尊心有意使然。因此，我们可以从以下几个"我"中去认识自己：

（1）通过自我反省来认识自我。自我反省可以从自己眼中的我和自己心中的我两方面入手。自己眼中的我为个人实际观察到的客观我，包括身体、容貌、性别、年龄、职业、性格、气质、能力等。自己心中的我指自己对自己的期许，即理想我。我们还可以从实际的我、别人眼中的我等多个"我"来全面认识自己。但是，对于学生而言，虽然有多个"我"可供认识，但形成统合的自我概念比较困难。现代社会的急剧变迁、改革开放后多元价值的影响，使现在的学生的自我认识难以客观、全面。

（2）通过别人的态度和评价来认识自我。不同关系的人对自己的反应和评价不同，别人会对我们的品质、能力、性格等给予清晰的反馈，从而增强我们对自己的了解。当许多人的看法一致时，这些看法对我们认识自己更有意义，这符合"镜中我"（looking-glass self）概念：我们感知自己就像别人感知我们一样，镜子中的我或别人眼中的我就是我们感知的对象，我们常常依据别人如何对待我们来了解自己，这一过程称为反射性评价。

不过要客观看待外界看法和评价，当外界的否定性评价过多时，要谨防出现"习得性无助"，尤其当一个学生拥有这种信念时，他会感到不能从环境中逃脱出来，进而放弃脱离环境的努力。"习得性无助"是一种严重的自我意识障碍，它抑制了人改造与影响环境的能力，强化了顺从甚至屈从，并将之转化为内在信念。

（二）积极地悦纳自我

积极悦纳自我是发展健康的自我体验的关键和核心。具体而言，帮助学生积极悦纳自我可以从如下三方面着手：

（1）感恩过去的自己。平静而又理智地看待自己的长处与短处，冷静地对待自己的得与失。既不以虚幻的自我补偿内心的空虚，也不以消极回避漠视自己，更不以怨恨、自责以至厌恶来否定自己。不管过去经历了多少困境和挫折，都让今天的自己更加具有生命的厚度。要关注自己从过去学到了什么、有什么成长，因为是过去的自己成就了现在的自己。

（2）专注于现在。接受自己，喜欢自己，觉得自己独一无二，这样才能有价值感、自豪感、愉快感和满足感。

（3）对未来保持乐观。对未来充满憧憬，树立远大的理想，并以此激励自己不断地克服消极情绪。

（三）有效地控制自我

有效控制自我是健全自我概念、完善自我的根本途径。一般而言，帮助学生有效控制自我可以从如下三方面着手：

（1）设定积极而可行的生活目标，并对结果有合理期待。设定合乎自我实际情况的抱负水平，确立合适的理想自我，即面对现实，确定自己的具体奋斗目标，把远大的理想分解成一个个子目标，由近及远、由低到高，循序渐进，逐步加以实现。

（2）培养坚强、坚持、自制、自尊、自信、乐观的积极心理品质。一方面增强挫折耐受力，自觉主动地认清目标，聚焦问题解决，为实现目标而努力排除干扰、克服困难，正确地面对成功与失败；另一方面激励自己不断奋进，在任何情境中，都尝试从积极乐观的角度看问题，从长远的利害做决定；同时，对生活环境中的一切多欣赏，少抱怨。

（3）增加行动力，并保持做事的弹性。有不如意之处设法改善，坐而空谈不如起而实行。同时，不要让自己的生活僵化，为自己在思想与行动上留一点弹性空间。偶尔放松一下身心，将有助于自己潜力的发挥。与人坦率相处，让别人看见自己的长处和缺点，也让别人分享自己的快乐与痛苦。

第二节　大学生自我概念辅导课程的设计教法

一、大学生自我概念辅导课程的内容设计

自我概念心理辅导的内容主要围绕自我认识、自我体验、积极认知、自制力训练和自我肯定等过程，覆盖生理自我、心理自我、社会自我三大方面，具体见表3-1[1]。

表3-1　自我概念辅导的教学内容设计

模块主题	教学内容
自我认识	通过自画像、了解别人眼中的自己、"周哈里窗"模型、身体意象等方式了解自己的生理自我、心理自我和社会自我，形成对自我客观的认识，能够客观评价自己、评价别人。针对高年级的学生，可以协助他们对自己的气质、性格进行梳理，了解性格中的优势和盲点。

---

[1] 刘宣文，赵晶. 学校心理健康教育课程设计与教法 [M]. 北京：中国人民大学出版社，2020：126.

续表

模块主题	教学内容
自我体验	通过优点大轰炸、价值观拍卖、角色扮演、个性温度计、高自尊特点分析等方式，充分体验和感受自尊、自豪、自信、成就感等自我概念中的重要情感品质。
积极认知	通过归因训练、案例讨论等方式，帮助学生对生活、学习中的得失进行合理归因，既不过分悲观，也能从归因中找到进步的方向。
自制力训练	通过聚焦问题解决、引导积极认知、教授情绪控制技巧等方式引导学生在面对困境时管理好自己的情绪，调整不合理的认知，制定目标，克服困难。
自我肯定	通过自我肯定训练、人际场景角色扮演等方式带领学生用真诚、适当的沟通方式表达自己，包括学习自我肯定的行为模式，勇敢且适当地向他人提出要求，并肯定地表达出自己的情绪、想法或意见。

二、大学生自我概念辅导课程的教学方法

第一，帮助学生把抽象的概念具体化。学生对于自我概念的认识是非常抽象的，他们可能并不清楚自我概念和自己的生活、学习有哪些关系。建议教师在课堂上多用一些真实的案例来解释自我概念的知识，而不是用理论去解释理论。

第二，利用时间的维度帮助学生认识到自我概念的重要性。自我概念辅导是其他心理健康主题辅导的基础，其难度在于如何帮助学生认识到自我概念的重要性。辅导时，应帮助学生看到自我概念的特点，同时让学生看到自我认识清晰的人在学习、生活、人际交往中的具体行为表现和认知态度，从而为学生树立学习榜样。

第三节 互联网+时代大学自我概念课程教育

一、制定"应然自我"标准，使大学生得到自我增强

根据思想政治教育有效性理论和自我导向理论，大学生的内在图式中都存在"应然自我"和"实然自我"两种，正是"应然自我"和"实然自我"之间的差距才会形成"自我意象不等"，从而也才能使大学生产生逐步走向"应然自我"的动力。因此，教育者应该根据不同性别、不同年级大学生的特点来设置应然自我的标准。例如，互联网+时代，在网络使用的能力方面，应规定具体的网络能力；学生目前具备的关键能力；要具有这些关键能力应当参加哪些能力培训；在情绪方面，大学生使用网络后的情绪体验应当是积极

的，但目前使用网络后的情绪状态发生了哪些改变；改变的原因有哪些；等等，都要让大学生在面对网络的时候做到心中有数。并且制定应然自我的标准有助于大学生自我增强、自我肯定，很容易达到自我教育的目的。

二、培养大学生的积极情绪，有助于进行自我的调节

在互联网+时代自我概念的各维度中，自我概念与上网目的、网络使用情况存在显著相关。自我概念有四个因子分别为：自尊、自信、能力、情绪。

教育者应培养大学生的自尊、自信、积极情绪、技能，从而使大学生在网络环境下保持积极的网络自我概念，正确地选择上网目的和正确地使用网络。例如：教育者应培养大学生正确对待和处理网络与现实生活的关系。不要把上网作为逃避现实生活问题或者排遣消极情绪的工具。网上的交际不能代替现实生活的社交活动，因此必须调整身心、纠正错位的思维定势，提高人际交往能力，参加各种社团组织。这有助于大学生积极情绪、自信、自尊的培养，同样具有自我增强的作用。

就能力的培养而言，应主要培养大学生正确获取信息的能力。首先，正确地辨别信息，即哪些信息是有害的，哪些信息是有益的。其次，主动地利用有益信息。在各种信息面前应选择有价值、对自己有帮助的信息资源。最后，自觉抵制有害信息的侵蚀，对有害信息能正确对待，抵制诱惑，要有一定的自我约束能力，这种正确获取信息的能力有助于大学生自我调节，不至于陷入网络的各种无效链接当中而无法自拔，从而产生负性情绪。

三、培养正确的上网目的，使大学生更好地自我调节

互联网+时代，自我概念与以学习为目的的上网存在显著正相关，网络心理自我概念与以信息、娱乐为目的的上网存在显著正相关，与学习为目的的上网存在极显著的正相关。因此就教育工作者而言，教育者可以通过各种有效载体和丰富多彩的形式激发大学生的网络学习动机，如开展大学生电脑网络知识竞赛、网络创意大赛、Flash 动画设计竞赛、程序设计竞赛、网上征文等活动。这样还有助于将学生思想政治教育的职能融入其中，吸引广大学生积极参与，加深学生对网络的理解，从而将网络文化与校园文化紧密结合，充分激发同学们的上进心和创造性，引导学生走积极、健康的网络之路。

"就大学生而言，大学生更要把学习放在第一位，充分利用网络资源进行学习，如电子图书馆。大学生应积极利用这些宝贵资源来丰富自己的科学知识。"[①] 同时，可以利用学校网站和网页来丰富网络生活调节自己，但最重要的是要让大学生意识到网络娱乐和学习生活的不同，网络娱乐仅仅是学习生活的有益调节。

[①]袁爽英. 当前大学生网络自我概念现状及教育对策研究 [D]. 成都：电子科技大学，2006：45.

第四章

互联网+时代大学生人际交往能力培养课程

第一节 大学生人际交往的特性与类别划分

进入大学之后,大学生们面临着新的环境、新的群体,重新整合各种关系,处理好人际关系便成为他们新的生活内容。良好的人际关系不仅是评估大学生心理健康水平、社会适应能力的重要指标,也是奠定其今后事业良好发展与人生幸福的基石。人际交往具有以下四方面的意义:

第一,人际交往是促进大学生身心健康的有效方式。大学生正处于青年时期,此时正是人生的黄金时代,在心理、生理方面逐步走向成熟,并且逐渐社会化。每个人都渴望拥有真诚友爱,人际交往的愿望较为强烈,希望能够通过人际交往获得助益,满足自己的物质需要和精神需要。

第二,人际交往可以促进大学生认识自我、完善自我。在人际交往中,通过与其他人进行比较,可以帮助大学生提高对自己和他人的认识。在交往中"以人为镜,可以明得失"。大学生通过广泛的人际交往,能促进自我发现、自我反省,磨砺性格,砥砺品行,以完成对自我的认识。通过观察分析对方的言谈举止以认识对方。同时,又在对方对自己的反应和评价中了解自己。

第三,人际交往是大学生的社会化进程的必要前提。人的社会化过程是一个漫长的不断发展的过程,人际交往是个人社会化的起点和必经之路。我们必须清楚地认识到,个体是在人际交往中不断成长、发展和成熟起来的,在此过程中我们要学习文化和生存技能,及社会知识、社会规范要求的各种素质,从而获得社会生活的资格。如果没有与其他人的交往,是无法完成这个过程的。

第四,人际交往是大学生实现个性的全面发展的重要手段。人的个性除了受先天遗传因素影响外，更重要的是后天环境的影响。大学生的交往环境是个性形成、发展和完善的直接条件。心理学家的研究发现，如果一个人能够长期生活在友好和睦的人际关系中，就会性格开朗，在对待人和事物时乐观、积极、主动。相反，如果一个人长期缺乏与别人的积极交往，缺乏稳定而良好的人际关系，这个人往往就有明显的性格缺陷。

一、大学生人际交往的主要特性

大学生人际交往的特点是由大学生自身的条件和所处的环境决定的。就自身条件来说，大学生文化层次相对较高，正处于生理和心理日趋成熟的发展阶段，处于世界观、人生观和价值观的确立阶段；就所处环境来说，大学生学习、生活在高等学校，这是一个与社会既相对"隔离"又在本质上紧密联系，既传承人类的悠久文明，又涌动着创新思想的教学科研场所。这两方面的特殊性决定了大学生的人际交往具有以下鲜明的特性：

第一，人际交往的迫切性。大学生随着知识的增长、心理的逐步成熟，成人感也日益增强，加之进入一个全新的人际环境，所以他们迫切希望别人了解自己，渴望得到他人的尊重和承认，也急于了解他人和社会，因此，大学生对于人际关系的建立抱有积极良好的愿望。

第二，人际交往的平等性。大学生的交往对象主要是同龄人，人际关系主要是同学关系，是一种横向的关系，由于大学生个人阅历、社会经验、认知能力、思想观念都大致相同，因而不会像上下级之间、亲子之间那样形成服从和依赖的关系，而是比较容易产生平等的心理和意识，追求一种平等条件下的交往。

第三，人际交往的理想性。大学生正处于爱幻想的年龄，由于心理尚未完全成熟，社会阅历有限，也由于家庭、社会及客观环境对人的限制，所以不可能全面接触社会，全面了解现实的"人"，易于产生理想化的思维定势。因此大学生在交往的过程中，往往先在自己的头脑中塑造好一个"模型"，然后根据这个"模型"到现实中寻找知己，所以大学生的人际交往总流于理想性。

第四，人际交往对象的易变性。大学生由于心理不完全成熟，情绪不稳定，做事较易冲动，加之生活的领域不断拓宽，因而在选择交往对象上就表现出明显的易变性，这种易变性与大学生人际交往的理想性相关，从而体现出其人际交往的不成熟，同时这种易变性也使大学生有可能在较短的时间内接触大量的新人新事，在人际交往的挫折中不断反省、提高。

第五，人际交往的不成熟性。人际交往的不成熟性主要表现在两个方面：①行为上的不成熟，如交往技巧缺乏，交往过程庸俗化等；②心理上的不成熟，如过分关注自我需要和形象，或自卑，或自负等。

二、大学生人际交往的类型划分

（一）根据人际关系建立的动因划分

根据大学生人际关系建立的动因，可将其划分为以下四种类型：

（1）血缘型。血缘型人际关系是大学生的一种天然人际关系，他们与父母、兄弟、姐妹、姑舅等亲属的关系均属于此类。

（2）地缘型。地缘型人际关系主要指大学生因地域相同的缘故而结成的人际关系。最为常见的一种形式是同乡会，它在刚入学的新生中尤为突出。每当新学期伊始，大学里的同乡会就十分活跃，老生们忙忙碌碌地查找新生同乡，往往在开学后几天就开始张贴海报，举行同乡聚会，所谓"三秦子弟""江淮儿女"等济济一堂。同乡会总能使新生们在异地感到乡情的温暖。

（3）业缘型。业缘型人际关系指大学生以所学专业为纽带形成的人际关系。包括师生关系、同班同学关系、同系或同院同学关系、校友关系和同专业的校际同学关系等。同班同学关系是大学生业缘人际关系中最主要的关系，由于朝夕相处，他们不仅有认识上的深刻了解、情感上的深厚联系，也有业务上的合作与竞争，因此，这种关系大多都保持终生。对成年人而言，同事、同行关系都属于业缘关系。

（4）趣缘型。趣缘型人际关系指大学生以兴趣为主而结成的人际关系。大学生对学业的共同追求、业余文体生活的共同爱好，都能导致相互之间志趣相投。从对政治的理解、对经济的看法，到对绘画、音乐、电影和体育等各种爱好见解的相似性，都会使双方感到欣悦。尤其在事关切身利益的重要问题上态度相同，则更是如此。观点、意见和态度的趋同，可以使交往双方进一步加深好感，相互欣赏对方，乐于与对方协调行为，进而倾心、深入地与其交往，使友谊加深。趣缘型人际关系专指业余兴趣形成的人际关系，像诗社、剧团、球类的各种团队，棋类、武术的各种协会等。同时，专业兴趣所促成的业缘人际关系也属此列。趣缘型的人际关系在大学生中是相当常见的交往类型。

（二）根据人际交往的对象进行划分

根据大学生人际交往的对象不同来分类，可将其分为以下五种类型：

1. 与教师交往

辅导员、班主任是和大学生接触最多的老师。他们与学生的关系平等，会像朋友一样与学生交流思想、促膝谈心，并参与班级组织的各项文体活动。

任课教师由于面对不同班级的学生，学生数量多且流动性大，一般情况下，这些任课教师上课来、下课走，只在其授课时间与学生接触，切磋学问，探讨问题，接触机会相对较少，因而一般是单纯的教学关系。此外，大学生自主意识增强，对教师的授课质量有更高的希望和要求，经常会对教师的教学内容、方法、工作态度进行评价，更愿意与学术水平高、教学态度好的教师接触，由衷地敬佩甚至崇拜这些教师。

管理学生的行政人员、服务学生的学校职工等也是大学生经常要面对的人际交往对象，如宿舍、食堂、图书馆的管理人员等。与师生关系不同，这些交往的顺利进行，必须建立在大学生自觉遵守相应的规章制度的基础上，否则大学生的行为就会受到批评和制约。

2. 与同学交往

大学班集体由有着不同地方语言和生活习惯的大学生组成，同学间的交往情况发生了重要的变化。一方面，入学初期，大多数学生是从中学校园直接走进大学校园的，社会阅历浅、思想单纯，相互之间能够自然地产生纯朴的"同窗"情谊，形成友好的同学关系；另一方面，随着相互交往和了解的深入，不同的地域出身、家庭背景、个性特点、生活习惯，甚至不同的方言，都有可能成为继续交往的障碍，而大学生在学习、课余活动等方面的激烈竞争中，往往夹杂着利益冲突，容易对相互间的正常交往造成影响，有些人因此开始逃避与周围同学的交往。但是，大学生远离了家人的呵护，独立生活，许多人际交往不再是可有可无的，不再可以任性、随意，特别是同宿舍的同学，朝夕相处，大家必须遵守共同的规则，必须学会彼此尊重、宽容、忍让，学会与性格、生活习惯不同的人友好共处，否则必然会感到孤独。

在大学校园里，很多新生都热衷于找同乡，与居住地相同或相近的学生进行交往成为大学生交往不可或缺的一个方面。共同的乡音俚语、饮食习惯，很容易把不同专业、不同年级甚至不同学校的大学生们联系起来，大家一起交流大学生活经验，减轻心理震荡，获得情感共鸣，摆脱暂时的孤独和对家乡的思念。但只热衷于同乡间的交往，是单调的，因为人际交往是复杂的，形式可以多种多样，唯此才能有利于自身的成长。因此，大学生需要与老乡交往，但不能局限于与老乡的交往，否则就会造成一定程度的封闭，减少与其他的人交流的机会。

3. 与父母交往

大多数的大学生觉得自己长大了，会有意识地、积极地调整心态以适应新的环境。他们能体谅父母对自己思念的心情，因此他们会通过书信或电话及时、主动地向父母汇报自己的学习和生活等情况，和父母加强思想感情的交流。

部分同学因家境困难，很体谅父母的辛苦，进入大学就开始勤工俭学，经济上逐步独立，不仅减轻了家里的负担，甚至有时还给家里一定的帮助。部分平时对父母依赖性很强的学生会非常想家、想父母,而且经常抽空或逃课回家,甚至有的要退学回家,这类大学生的情绪常常会影响父母,只能让父母心中牵挂。因此,大学生应经常与自己的父母保持感情的沟通和联系。

4. 社会的交往

在大学阶段,对大学生的人际沟通能力有了更高的要求。就业压力日益增大的大学生们,要想在激烈的竞争中脱颖而出,找到理想的工作,较强的社会交往能力是必不可少的条件。大学生扩大社会交往的方式多种多样,如加入学生社团、参加社会公益活动、勤工助学等积极健康的社会实践活动。通过参加这些活动,大学生们既可以增加对社会的了解,也可以扩大社会交往的范围,还能够提高自己独立谋生的本领。

但需要注意的是,在如何对待社会交往的问题上,应注意避免两种倾向:一是社会交往活动太多、对象太杂、频率太高,盲目进行交往,结果毫无选择的社会交往严重影响了学习;二是社会活动、社会交往过少,只管埋头读书,注重了书本知识的积累,却忽视了对实践能力的培养。

现代大学生要善于在各种社会交往中培养自己的亲和力,掌握与不同类型、不同层次的人交往的技巧、方法,为自己营造一个和谐的人际环境;同时,社会毕竟是复杂的,思想单纯、阅历不深的大学生们要有自我保护意识,谨慎与人交往,以免上当受骗。

5. 网络的交往

网络拓展了人类交往的空间,网络交往已经成为一种重要的新型人际交往方式。人们通过电子邮件(E-mail)、网络寻呼(ICO)、网上聊天室(iRC)、电子公告板(BBS)等手段在网络虚拟社区中聊天、交友和游戏等。

一般情况下,网络人际交往对大学生来说具有双重效应:一方面是积极影响,有的大学生通过网络交往结交了许多朋友,获取了很多有价值的信息,开拓了思路,使自己受益匪浅;另一方面是消极影响,一些大学生患上了网络人际依赖症,他们将虚拟当作了现实,过度热衷于网络交往,过分沉迷在网络上。

第二节　大学生人际交往的原则与技巧分析

一、大学生人际交往的基本原则

大学生只有进行积极的人际交往,才能在交往中收到良好的效果,从而建立良好的人际关系,要实现这一目标,就必须遵循人际交往的基本原则。

(一) 真诚的原则

真诚，是大学生友好交往的基础，也是大学生人际交往得以延续和深化的保证。真诚就是真实、诚恳、没有虚假。只有彼此真诚，才能相互理解、相互接纳、相互信任，就是用真诚去打开人际交往对象的心灵之门。

真诚待人者必被人待以真诚。真诚与人交往，就可以充分认识、发掘别人的长处，不会计较别人的短处和不足；就能以公平的心去评价和判断事物，有助于自己的发展和完善。我们把真诚赠予人，自己不但没有失去，反而会得到别人的真诚。

真诚固然很好，固然必需，但是培养起来却颇不容易。人常常被各种利害关系和感情左右，这是人性的弱点之一，克服起来非常困难。要培养真诚，就要从日常的生活中做起，时时事事检点自己是否感情用事，是否本位主义，是否具有理性，经常反省自己的言行，不断培养和提高。

在人际交往的实践中，人们还容易犯一个错误，就是希望他人真诚可信，却常常忽视了自己的真诚。例如，部分大学生交朋友，常常要求朋友对自己坦诚相待、袒露心扉，否则就认为朋友不够真诚，但是自己却从未向朋友打开过心灵之门。这样的交往关系，永远难以深入。

(二) 尊重的原则

尊重是平等原则在人际交往中的体现，尊重包括自尊和尊重他人。自尊就是在各种场合自尊自爱，维护自己的人格；尊重他人就是重视他人的人格、习惯与价值，不伤害他人的自尊，承认人际交往中双方的平等地位。

尊重是大学生交友的重要保证，是达到交往效果的桥梁。在人际交往中，虽然交往双方由于主客观的原因，在气质、性格、能力和知识等方面均存在差异，并因社会分工的不同而具有不同的身份，但在人格上则是平等的。尊重人格是平等的基本要求，只有尊重他人，才能得到他人的尊重，尊重自己的同时也体现了对他人的尊重，二者是相辅相成的。所以，尊重他人，不伤害他人的自尊，是人际交往中的根本原则。现在的大学生，越来越强调自己的个性，好胜心极强，这样容易伤害朋友、同学的自尊。

在人际交往中，有的大学生往往要求别人尊重自己，自己却不懂得尊重别人，这样既伤害了他人的自尊，也是不尊重自己的表现。要做到尊重他人和自尊，就应当平等待人，尊重他人的劳动，树立良好人际形象，懂得欣赏别人，把别人当作有价值的人来对待，乐于与人相处，有责任感，懂得自我反思，不夸张自大，不自以为是。

(三) 宽容的原则

在与人相处时，应当严于律己、宽以待人，接受对方的差异。交往中，对别人要有宽容之心。另外，要有宽容之心，还须以诚换诚、以情换情、以心换心，善于站在对方的角度去理解对方。

(四) 换位的原则

在交往中，要善于从对方的角度认知对方的思想观念和处事方式，设身处地体会对方的情感和发现对方处理问题的独特个性方式等，从而真正理解对方，找到最恰当的沟通和解决问题的方法。

二、大学生人际交往的必备技巧

(一) 语言的交往技巧

语言是具有社会意义的符号系统。语言是人类交流思想和情感的工具，人与人之间的交往主要凭借口头语言，大学生也是如此。口头语言交往包括听和说两个方面。善于聆听，乐于交谈，就能使大学生在良好的气氛中顺利进行交往。

1. 说话的技巧

说话是对自己思想和感情的表达。说出的话是要给别人听的，要使别人对自己说的话感觉好、听得明白，就应当把握一些说的技巧。

（1）选对说话对象。选对说话对象，说话者才有表达的愿望，才可能表达自己的思想和情感。

（2）选好说话话题。话题要有积极意义，要符合对方的知识范围、经验和当时的心境。

（3）擅长语言表达。表达的语言要清晰准确、通俗易懂、简洁生动、适宜得体。

（4）善用礼貌敬语。对老师要谦恭有礼，对同学则要多用亲切友好的词语。

（5）适当赞扬别人。适时适度、发自内心地赞扬别人，可以营造融洽的交往气氛，强化人际吸引力。但赞扬要真诚适度，不要虚情假意。

（6）尽量避免争论。大学生喜欢争论，但争论往往是在双方互不服输、面红耳赤、不愉快甚至演变成直接的人身攻击或产生严重的敌意中结束，这对人际关系的有害影响是显而易见的。因此大学生要尽量避免争论，要通过讨论、协商的途径，以"求同存异"的方式解决分歧，既表明原则性，又不伤害彼此的友谊，不强加于人，为彼此留有余地。

（7）尊重他人隐私。在交往中不要把他人的秘密再讲给别人听。尊重他人的隐私就是尊重他人的人格。即使最亲密无间的朋友之间也有各自的秘密空间。如果一个人总是以打探或在背后说别人的秘密为乐趣，就是没有教养的表现，这样的人是不可能有真正的朋友的，最终只能是令人讨厌的孤独者。

2. 聆听的技巧

聆听也是一门艺术，聆听他人讲话时要专心、耐心、虚心，而不只是用耳朵去听。聆听时要注意集中精神，表情自然，并且要做出相应的反应，通过目光接触、点头、赞许等给予表达者积极反馈，增强对方表达的自信心，使其乐于讲下去；要有耐心，不要表现出任何不耐烦和不感兴趣的神情；还要虚心，不要轻易打断别人的发言，要善于发现对方思想中的闪光点。

（二）非语言的交往技巧

非语言交往是指交往双方通过目光、表情、身体的动作、姿态、语气、语速、语流等要素，服饰着装等非语言行为和人际空间距离等进行沟通的技巧。在人际交往中，非语言行为虽然只是语言行为的辅助和强化手段，但它有时可代替语言传情达意，还能微妙地传递语言难以表达的"弦外之音""言外之意"，产生"此时无声胜有声"的效果。所以，大学生要提高自己的交往能力，应当在人际交往中学会一些必要的非语言交往技巧。

1. 目光的技巧

目光接触，是人际交往间最能传神的非语言交往。在交往中通过目光的交流可以促进双方的沟通，目光的方向，眼球的转动，眨眼的频率，都可以表示特定的意思和流露情感。正视对方表示尊重，斜视表示轻视，双目炯炯会使听者精神振奋。柔和、热忱的目光会流露出对对方的热情、赞许、鼓励和喜爱，东移西转的目光，会让人感到心不在焉。交往中，适当的目光接触可以表达对彼此的关注。因此在人际交往中，不能忽视眼神的作用，平时应注重培养自己用眼睛"说话"的能力。

2. 体势的技巧

体势包括体态和身体的动作。在人际交往中，人的举手投足都能传达特定的态度和含义。身体略微倾向于对方，表示热情和友好；微微欠身，表示谦恭有礼；身体侧转或背向对方，表示不屑一顾。不同的手势也具有不同的含义，如摆手表示制止或否定；双手外摊表示无可奈何；双臂外展表示阻拦；拍脑袋表示自责或醒悟；竖起大拇指表示夸奖。有些手的动作还会轻易造成失礼，如手指指向对方面部，单手重放茶杯等。

3. 语调的技巧

同一句话用不同的语调，在不同的场合说出来，可以表达不同的甚至是相反的意思和情感。在人际交往中，恰当地运用语调，也是保证交往顺利进行的重要条件。一般情况下，柔和的语调表示坦率与友好；缓慢、低沉的语调表示对对方的同情和关注；用鼻音则显示傲慢、冷漠，这会引起对方的反感。大学生在人际交往中要细心体会语调的微妙，学会正确运用语调，以加强语言表达的效果。

4. 距离的技巧

人都有一种保护自己个人空间的需要。个人空间距离的大小与交往的对象、内容、场合和情境有关。一般而言，人们之间的关系越密切，他们的人际空间距离就越小。心理学根据不同的交往对象和情境，划分了以下四种交往距离：

（1）亲密距离。亲密距离是人际交往中的最小间隔，一般在0.45米以内。这个距离属于家庭成员、亲密战友等关系最密切的人。在亲密距离交往的人，相互挽臂执手、促膝谈心，不拘小节，无话不谈。亲密距离具有排他性，没有达到这种亲密程度的人插足这个区域，会引起对方的反感。

（2）个人距离。交往距离在1米左右。这个区域有较大的开放性，朋友或熟人可以自由地进入这个空间。

（3）社交距离。交往距离在1~4米，保持这一距离的人们，未形成亲密或熟人的关系，体现出一种社交性的或礼节性的关系，一般出现在工作环境或社交聚会上，谈话的内容也较为正式和公开。

（4）公众距离。交往距离在4米以上，在这个空间内，人际的双向交往减少，更多的是一种单向交往，如演讲和报告等。

第三节 大学生人际交往的障碍与调适方法

处于青年期的大学生，思想活跃，精力充沛，兴趣广泛，人际交往的需要极为强烈。他们力图通过人际交往去认识世界，获得友谊，满足自己物质上和精神上的各种需要。但在交往过程中，有的交往顺利，使其心情舒畅、身心健康；有的交往受挫，便使其心情郁闷，身心受损，产生各种不良后果，这在大学生中极为常见。据某咨询中心统计，在大学生的各种心理障碍中，人际交往障碍表现得最为突出，直接影响他们正常的学习和生活。

一、大学生交往中的心理障碍

人际交往是指人们运用语言或非语言符号交换意见、交流思想、表达情感和需要的过程。一般而言，大学生在人际交往过程中，出现一些困难或不适应是难免的，但如果个体的人际关系严重失调，人际交往时常受阻，则说明其存在着交往障碍。大学生常见的交往障碍主要表现在以下三个方面：

(一) 人际交往的认知障碍

认知障碍在大学生的人际交往中的表现突出而常见，这是由青年人的交往特点所决定的。人在青年期自我意识迅速增强，开始了主动交往，但其社会阅历有限，客观环境的限制使其不能够全面接触社会、了解人的整体面貌，心理上也不成熟，因而在人际交往中常常带有理想交往对象的模型，然后据此在现实生活中寻找知己，一旦理想与现实不符，在交往中就产生障碍，心理出现创伤。另外是以自我为中心。人际交往的目的在于满足交往双方的需要，是在互相尊重、互谅互让、以诚相见的基础上得以实现的。而有的大学生常常忽视平等、互助这样的基本交往原则，不考虑对方的需要，这样的交往必定以失败告终。

(二) 人际交往的情感障碍

情感成分是人际交往中的主要特征，交往中感情色彩浓重，是处于青年期大学生人际交往的一大特点。情感障碍具体体现在以下方面：

1. 嫉妒

嫉妒是一种消极的心理品质，表现为对他人的长处或优异成绩心怀不满，报以嫉恨，乃至行为上冷嘲热讽，甚至采取不道德行为。嫉妒容易使人产生痛苦、忧伤的心理和有攻击性言论和行为，导致人际冲突和交往障碍。

2. 自卑

自卑是一种过低的自我评价。自卑的浅层感受是别人看不起自己，而深层感受是自己看不起自己。有自卑心理的大学生在交往中常常缺乏自信，畏首畏尾。实际上，自卑并不一定是能力低下，而是对凡事期望值过高，不切实际，在交往中总想把自己的形象完美化，惧怕丢脸、受挫或遭到他人的拒绝与耻笑，这种心境使自卑者在交往中常感到不安，因而常将社交圈子限制在狭小的范围内。

3. 自负

自负的人在人际交往中表现出傲气轻狂、居高临下、自夸自大，过于相信自己而不相信他人，只关心个人的需要，强调自己的感受而忽视他人。与同伴相处，高兴时海阔天空，不高兴时大发脾气；与熟识的人相处，常过高地估计彼此的亲密程度，使对方由于心理防卫而疏远。无论是自卑还是自负，都是导致交往障碍的两个极端。

4. 害羞

害羞的人在大学生人际交往中常常表现为性格腼腆，动作忸怩、不自然，脸色绯红，说话音量低而小，严重者怯于交往，对交往采取回避的态度。过多约束自己的言行，无法充分表达自己的愿望和情感，也无法与人沟通，造成交往双方的不理解或误解，妨碍了良好人际关系的形成。

5. 孤僻

孤僻性格也会导致交往障碍，具体表现为孤芳自赏，自命清高，与人不合群，待人不随和，或者由于行为习惯上的某种怪癖使他人难以接受，结果没有人愿意与其接触，往往交不到朋友。于是从心理上与行为上与他人产生隔阂，自己将自己封闭起来。

（三）人际交往的人格障碍

人格障碍是另一种常见的人际交往障碍。所谓人格，是指人在各种心理过程中频繁地、稳定地表现出来的心理特点，包括气质和性格等。人格的差异带来交往中的误解、矛盾与冲突，人格不健全可直接造成人际冲突。例如不同气质类型的人对同一问题的处理方式不一样，胆汁质的人性情急躁，言谈举止不太讲究方式，这会使抑郁质的人常感委屈和不安，造成双方的互相抱怨和不满，而相同性格类型的人（同是内向性格或同是外向性格）也很难相处融洽。

二、大学生人际交往障碍的影响因素

（一）家庭关系影响

家庭是以血缘关系或收养关系为纽带建立起来的社会基本单位。家庭是个体社会化的第一环境。首先，夫妻关系是家庭关系中基本的关系；其次，还有父亲与子女和母亲与子女的亲子关系；最后，多子女家庭还有兄弟姊妹之间的关系。家庭关系的亲密程度、家庭中的人际互动模式会深刻影响孩子们今后的人际交流。

当代大学生的家庭内部横向交流缺乏，人际交往能力从小就缺乏锻炼，加上长辈的娇惯，一方面造成大学生以自我为中心，不懂得主动迁就他人、理解他人，影响他们在人际认知和自我认知方面的心理发展；另一方面大学生在上大学前受到父母的过分保护、控制和干涉，少有自己的交往原则和个人心理空间，对进入大学后人际交往中出现的许多问题不知所措。社会贫富条件的分化、经济条件的差异也会成为大学生交往的障碍。那些家庭经济条件差的同学会感到自卑，在人际交往过程中容易退缩；而家庭经济条件较好的学生却充满优越感，容易在人际交往过程中表现得高傲。

（二）学校教育负面影响

学生中学时期长期在高考的压力下，过分追求成绩而忽视了对人际交往能力等其他素质的培养。进入高校后，学校也很少有专门的系统课程培训。所以导致很多学生智商很高而情商很低，往往处理不好与其他人的相处、交流、沟通。另外，高校教师都是上完课就离开，很少与同学进行交流与沟通，师生关系明显疏远，以致大学生在人际交流方面没有机会得到有效的指导和帮助，每天是教室、食堂、图书馆、宿舍"四点一线"的生活方式，这对大学生的人际交往有很大的负面影响。

（三）学生自身心理因素影响

由于我国普通高校的大学生的年龄处于青年中后期，他们的生理已经发育成熟，但他们的心理还没完全发育成熟，他们从中学升入大学，虽然学习上是佼佼者，但生活阅历简单，心理承受能力较差。大学生在自我认识、自我评价、自我教育方面虽然比在中学阶段有所提高，但他们一直被幸运的光环所笼罩，在分析自己、处理同学关系的时候极易产生困惑和错觉。另外，大学生在环境适应、自我认知、健全人格方面的问题会直接影响他们人际交往能力的发展。

（四）社会信息网络化负面影响

现代信息技术特别是国际互联网的高速发展，虽然打破了人们在时间和空间交往上的限制，但虚拟的网络交往也替代了人们之间直接的感情交流。网络在快速传递知识信息、提供娱乐游戏的同时，也为大学生发泄不良情绪、寻求精神寄托和逃避现实生活提供了场所，从而导致了大学生在现实交往中的封闭和人际交往能力的下降。部分学生过度关注网络交往，反而忽视了现实生活的交往，部分学生遇到现实问题时习惯舍近求远，这在一定程度上造成了自身心理封闭，降低了自身与周围群体的交往能力。

三、大学生人际交往障碍的调适方法

每个人在交往中都或多或少地出现不同的问题，改善人际关系，加强人际交往，对大学生的学习、生活和心理健康都有重大意义。

第一，调整思想认识。管理者要注意引导大学生不断调整自己的思想认识和认知结构，对人际交往形成一种积极的准确的认识，不要把人与人之间的关系视为尔虞我诈。同时加强对大学生交往技巧的培养，促使交往双方达到心理相容，为此在人际交往中应尽可能做到肯定对方。人类普遍有自尊的需要，只有在自尊心高度满足的情况下，才会产生最大程度的愉悦感，才会在人际交往中易于接受对方的态度、观点。特别是正值青年阶段的大学生，自尊心极强，因而在交往中首先必须肯定对方，尊重对方，这样交往就更加容易成功。

第二，表达真情实意。人际交往中，若对方感受到我们的真诚与热情，一般给出肯定的评价。所以在交往中，不但需要保持充沛的热情，同时也要坦诚言明自身的利益，才会显得真诚而又合情合理。以真情换真心，自然会得到对方的接纳，为成功交往架起一道桥梁。

第三，保持乐观心态。这个社会是由形形色色的人组成的，每个人的性格、爱好、习惯和信仰迥然不同。每个人都会有自己的喜恶，会有自己对人对事的看法，因此不能用自己的标准去衡量、要求别人。需要避免在没有深入交往的情况下，单凭第一印象或断章取义的某句话就对一个人妄下断语或猜测。另外，我们很容易看到一件事情的阴暗面，但重要的是挖掘其积极面，只有实事求是、一分为二地看待问题，才能找到贴近现实的解决办法。

第四，提高交际能力。人际交往能力是指妥善处理组织内外关系的能力。包括与周围环境建立广泛联系和对外界信息的吸收、转化能力，以及正确处理上下左右关系的能力。人际交往能力一般分为三个种类：①表达理解能力。表达理解能力首先意味着一个人是否能够将自己内心的思想表现出来，并让他人能够清楚地了解自己的想法；其次就是理解他人的表达。一个人的表达能力，也能直接证明其社会适应的程度。②人际融合能力。人际融合能力表明了一个人是否能够体验到人的可信及可爱，它和人的个性（如内外向等）有极大的关系，但又不完全由它决定，更多的是一种心理上的意味。③解决问题的能力。当前独生子女的一大弱点是对家庭的依赖性强，独立解决问题能力差，再加上应试教育的弊端，严重影响了学生的交往能力。

良好的人际关系是在交往中形成和发展起来的。大学生自入校的第一天起，只要注意加强交往的实际锻炼，良好的交往能力就一定会形成。

初入校门的大学生，在和一些不熟悉的人交往时，可以从一般的寒暄开始，之后转入中性话题，如来自哪个高中、姓名，有哪些业余爱好；而后再转入双方感兴趣的，触及个人利益的话题，如工作、学习、身体情况；最后，即可随便交谈。这种交往能锻炼自己和他人寻找相互感兴趣话题的本领。同时，良好的人际关系也有赖于相互的了解，相互了解则有赖于彼此思想上的沟通，因此要常与人交谈，交换看法，讨论感兴趣的事情。这样，可借以表达自己的喜怒哀乐，降低内心压力。在沟通中求得主观世界与客观世界的平衡，有益于身心健康。但在沟通时，语言表达要清楚、准确、简练、生动。要学会有效聆听，做到耐心、虚心、用心、会心，把握谈话技巧，吸引和抓住对方。

一个人在不同场合具有不同角色，在教室是学生，在阅览室是读者，在商店是顾客。在交往活动中，如果心理上能经常把自己想象成对方，了解一下自己处在对方情境中的心理状态和行为方式，体会一下他人的心理感受，就会理解别人的感情和行为，从而改善自己待人的态度，这种心理互换也是培养交往能力的好办法。

第五，掌握交际技巧。一般的人际交往技巧包括八个方面：①要熟练记住别人的名字；②要成为和蔼可亲的人，不要让他人感到拘束；③要养成积极乐观的性格，对任何事都不要烦恼；④把自己培养成为博学的人，以便一起交往的他人有所受益；⑤要认真努力消除和交往对象之间的误会；⑥要及时祝贺成功者，不失时机地安慰悲伤者和失望者；⑦要化敌为友，对待中伤自己的人要学会一笑了之并热情对待，等待机会说明一切；⑧要敢于认错，如果是自身过错就不要掩盖，肯认错表示有正直坦荡的胸襟。

第六，培养良好品质。有良好的个性品质是人交往的基础和前提，大学生的成长交往活动能帮助他们逐步形成以下良好的个性心理品质：

真诚。真诚的心能使交往双方心心相印，彼此肝胆相照，使交往者的友谊地久天长。

信任。在人际交往中，信任就是要相信他人的真诚，从积极的角度去理解他人的动机和言行，而不是胡乱猜疑，相互设防。信任是对他人真心实意，而不是口是心非。

克制。克制是即使在自己的自尊与利益受到损害时也注重团结，以大局为重，但克制并不是无条件的，应有理、有利、有节，如果是为一时苟安，忍气吞声地任凭他人无端攻击、指责，则是怯懦的表现，而不是正确的交往态度。

自信。在人际交往中，自信的人总是不卑不亢、落落大方、谈吐从容。自信是对自己的不足有所认识，并善于听从别人的劝告与帮助，勇于改正自己的错误。培养自信心要善于"解剖自己"，发扬优点，改正缺点，在社会实践中磨炼、摔打自己，使自己尽快成熟起来。

热情。在人际交往中，热情能给人以温暖，能促进人相互理解，能融化冷漠的心灵。因此，待人热情是沟通人的情感，促进人际交往的重要心理品质。

第四节 大学生人际交往辅导课的设计与教法

人际关系辅导的总目标是帮助学生了解彼此的权利和义务，客观公正地了解和评价他人，关心他人的需要，诚心赞美和善意批评他人，与他人沟通时采取积极主动的态度，明确表达自己的想法，认真听取别人的意见，同时保持自身人格的完整性。

一、大学生人际交往辅导课的内容设计

大学生人际交往辅导课的内容设计见表 4-1[1]。

表 4-1 人际关系辅导的教学内容设计

模块主题	教学内容
走进人际世界	通过角色扮演、案例讨论帮助学生了解不同年龄阶段师生关系、亲子关系、同伴关系的特点和交往要点，包括：师生关系从亲密转向平等、民主，需要什么样的沟通技巧；什么样的品质更容易受到同伴的欢迎，如何理解小团体现象；亲子冲突为何产生；等等。
知己知彼	通过心理测评、分类分组等方式帮助学生了解自己的社交风格、在社交中的优势和盲点，学习观察对方的社交风格，从而学习调整自己，适应对方的社交风格。
理解他人	通过视频观看、共情训练等方式帮助学生学习区分人际交往中的观察和评判、感受和想法，从语言和非语言等方面理解人际交往对象，展现自己的善意。
表达自己	通过"我信息"、语言技巧训练等方式帮助学生准确、清楚、适当地表达自己的感受、想法，既尊重对方，也尊重自己，形成健康的人际关系。
不良的交往行为	通过视频观看、案例分析鼓励学生对害羞、攻击、受欺负等不良的同伴交往方式进行讨论，从表达方式、社交技巧等方面为学生的人际交往创设健康向上的氛围。
有效沟通	通过设定沟通目标、有效聆听、表达自己、影响他人、确定行动等沟通步骤，帮助学生掌握有效沟通的核心要素，从而达成沟通目标。

二、大学生人际交往辅导课的教学方法

第一，帮助学生寻找到适合自己的人际风格。每一个人都有自己的人际风格。教师先要帮助学生建立这样的观念，就是要认识并接纳自己的人际风格。人际风格是个人的交往舒适区，只有充分了解每一种人际风格的特点，才能和各种人际风格的个体进行顺畅沟通。

第二，练习和体验是人际关系辅导的关键。人际关系是学生非常感兴趣的主题，同时也是较难产生好的课堂效果的主题，因为学生可能并不真的会将课堂上学习到的知识应用到实际生活中。因此要想有良好的教学效果，要为课堂设计真实的教学案例，让学生身临其境，再通过角色扮演的方式让学生学习理解自己和他人的感受，体会人与人之间沟通的不同。同时也要引导学生知道人与人之间的差异，尽可能去享受人际沟通的过程。

---

[1] 刘宣文，赵晶. 学校心理健康教育课程设计与教法 [M]. 北京：中国人民大学出版社，2020：149.

第五节　互联网+时代大学生人际交往的能力培养

截至 2020 年 1 月，微信平均每月活跃账户数达到 11.51 亿；腾讯 QQ 平均每月活跃账户数达 8.079 亿，这两个数据显示了社交软件的出现，使得"屏社交"已经成为现今人类新型的社交模式。"社交网络突破了传统社交时间的滞后性和区域的限制性的缺点，以更加高速、快捷、零距离等特点成为现今社会应用广泛的新兴社交形式。"[1] 在 5G 时代已然来临的新阶段，如何帮助高校大学生利用社交网络建立良性、正确的社交行为，学习从互联网的海量数据中捕获有价值的数据信息，是一项非常具有现实研究意义的课题。互联网+时代大学生人际交往的能力培养举措具体如下：

一、强化大学生的网络社交的辩证思维

作为"00 后"的高校大学生，他们出生的时代是互联网高速发展的时代，作为数据高速运转与应用的现代社会，如何借助互联网，从海量数据中抓取有效信息是步入社会所需掌握的技能之一。作为具有两面性的社交网络，如何发挥它的价值，而又不被它掌控学业、生活，这不仅仅只是学生面临的问题，也是每一个当代人都需要考虑的问题。从学校角度来看，可以增加互联网相关的课程，教师在教学中可以结合互联网实际案例，引导学生自行辩证分析其存在的重要价值以及使用中需要规避的误区与弊端，让学生不断形成对于社交网络客观、全面的认知。如果仅仅生硬地通过语言、规则要求学生减少社交网络的在线时长，而忽视其社交网络的实际用途，这不仅打击了大学生学习新事物的积极性，同时也不利于他们培养双向的辩证思维能力。

二、着力培养大学生的网络素养教育

高校是为社会培养人才的重要沃土，高校大学生不仅仅要求专业技能满足社会需要，个人素质也同样要求符合社会主义核心价值观。随着社交网络介入的深入程度，高校的素质教育除了道德教育之外，还需要培养学生的网络素养教育，包括对社交网络使用的自我控制能力、自我管理能力、明辨真伪能力、网络公共秩序道德等。而要具备网络素养，第一，要在学习、生活中明确健康、正确的道德观需要满足哪些要求；第二，检视自己的行为规范，不断剖析自我，反省自我，不断改进网络行为习惯；第三，学习互联网法律法

---

[1] 陈海燕，江涛."互联网+教育"下的大学生人际交往能力分析 [J]. 科技视界，2020 (33)：42.

规，明确网络行为并不是随心所欲的，要遵循符合社会道德的基本准则；第四，在进行社交网络时，要注意自己的言行举措，网络不是随意发泄负面、消极情绪的场所，一言一行都需要符合社交网络的道德规范要求。

  社交网络已经逐步在人们的生活中显示愈加明显的作用。与其被动地让学生在社交网络中迷失，高校不如主动地借助"互联网+教育"的新模式，引导学生正确发挥社交网络积极的一面，全方位、多角度地看待社交网络这个新事物。通过社交网络、现实世界的双向演练，提高大学生的人际交往能力，实现虚拟与现实社交的有效衔接，促进高校大学生人际交往的健康、蓬勃发展。

第五章

互联网+时代大学生学习心理开发课程创新

第一节 大学生学习特点与学习心理机制分析

学习有广义与狭义之分，广义的学习是指人与动物因为经验或练习而使行为或行为潜能发生持久变化的过程。学习的概念主要有三点：第一，学习是以行为或行为潜能的变化为标志的。通过学习，有机体出现某些方面的变化，从不知到知，从不会到会。学习既可以是知识、技能、能力的获得，也可以是兴趣、信念、价值观的确立，还可以是情感、态度和人格的形成。行为的变化有时是外显的，有时是内隐的，内隐即"行为潜能"的变化。第二，学习引起的行为变化是较为持久的。无论是外显行为，还是内隐行为，都必须是较为持久的行为，尽管这种行为变化具有遗忘的可能。否则，不可以称之为学习。第三，行为变化是由于经验或练习的原因导致的。因为行为变化可以是经验或练习之外的其他因素导致，生理成熟或衰老都可以使行为发生较为持久的变化，因为它与经验或练习无关，所以不能称为学习。此外，疲劳、疾病、药物和伤害等虽然可以导致有机体较为持久的行为改变，但也都不能称为学习。狭义的学习是指人类的学习，是以语言为中介，有目的地、自觉地掌握社会历史经验的过程。学生的学习是人类学习的一种特殊形式，通常指学生在校的学习，即在教师指导下，有目的、有计划、有组织地掌握前人所积累的科学文化知识，不断地、全面地提升自己素质的过程。在教师"晓之以理，动之以情，炼之以意，导之以行"（"晓动炼导"）的教育活动引导下，通过"博学之，审问之，慎思之，笃行之"（"学问思行"）的学习活动，以实现学生身心和谐发展。

学习的意义有三个方面：第一，学习的生物学意义。学习是有机体适应环境，与环境保持平衡的条件与方法。在一定意义上，学习是生命的存在方式，因为具有高度组织形式的生命往往离不开学习活动。人与动物的行为有两类：一类是本能行为；一类是习得行为。本能行为是通过遗传获得的种族经验，与生俱来；习得行为是个体在后天适应环境的过程中，通过学习而获得的。第二，学习的社会学意义。人不仅是生物个体，还是社会个体，人的这种特性决定了学习的社会学意义。个体只有通过学习，才能逐步完成从生物性个体向社会性个体的转换，才能实现生物性与社会性的有机结合。生物性的人才能逐渐进入社会并适应社会，成为社会的人。第三，学习的心理学意义。人除了具有生物性、社会性之外，还具有精神性。人对真理的探索、对幸福的追求、对自由的向往，以及放飞理想、恪守信念等，都反映出人的精神追求。人的"形上"追求，直接决定了学习的精神内涵，而且学习的精神内涵标志着学习活动的品位与境界。学习是个体寻找自己、升华精神、完满人性、构筑精神家园的必由之路。

学习是人类适应环境的活动，也是人类自我提升的活动；学习不仅仅限于书本知识的学习和课堂上教师的讲授，学习涉及人类生存与发展的一切领域。学习是人类进步的阶梯，是个体实现身心全面发展的杠杆。"为天地立心，为生民立命，为往圣继绝学，为万世开太平"的学习目标，"观古今于须臾，抚四海于一瞬""精骛八极，心游万仞"的学习理念，以及"读万卷书，行万里路"的学习态度，一定会实现"究天人之际，通古今之变，成一家之言"的学习效果。

一、大学生学习特点分析

大学生学习特点，除了与大学生身心发展特点有关之外，也与高校教育的性质及教学目标有很大的关联。大学生学习有如下特点：

（一）自主性与超越性特点

大学学习强调大学生在整个学习过程中的主体地位。大学生要对自己的学习负责，要有明确的学习目的、自觉的学习意识、主动的学习态度，充分发挥自己的主观能动性，实现自己的学习目标。高校教育要求大学生以学习主体出现，真正做学习的主人，通过"学问思行"，积极主动实现身心和谐发展。大学教育无论在学习内容、学习环境，还是学习时间、学习途径上，都为大学生自主学习提供了良好条件。

大学生学习超越性是指大学生学习不仅仅具有功利的考虑，还应该具有超功利的追求；不仅仅为"稻粱谋"，还应该有"主义求"；不仅仅为了满足大学生生理的、物质的需要，还应该满足大学生心理的、精神的需要；不仅仅是大学生达成人生目的、生活追求的手段，还应该成为大学生的生活乐趣与人生幸福。当大学学习旨在陶冶大学生性情品质、深化精神境界的时候，当大学学习旨在帮助大学生寻找自我、引导他们"诗意栖居"的时候，大学学习的超越性就得到了淋漓尽致的体现。

（二）实践性与探究性特点

大学生学习必须与社会实践活动紧密相连。大学生学习不只限于书本知识学习，也不仅仅限于课堂教师讲授，大学学习必须与社会实践活动紧密相连，以便学以致用，用以促学。服务社会，是高校三大社会职能之一。为地方经济社会发展服务，培养地方经济社会发展所需人才，是社会赋予高校的基本职能。此外，大学生学习的专业知识、专业技能，也只有在服务社会过程中，才能真正得以检验和发挥作用。因此，要鼓励大学生走出校门，走进社会，引导他们开展丰富多彩的社会实践活动，做实践能手与生活强者。

大学生学习还具有探究性特点：其一，大学生身心获得了长足发展，身心发展更为成熟，特别是抽象逻辑思维及自我意识的发展，为大学生探究性学习的开展提供了坚实的基础；其二，大学生学习在很大程度上都是接受学习，而发现学习、探究学习还相对薄弱。但高校的科学研究职能，主张高校引导大学生进行探究学习，开展科学研究，以解决人类在科学研究、社会生活中的重大问题，这就为大学生开展探究学习奠定了基础。倡导实践，推崇实验，学术研究，科学攻关，是大学生探究学习的基本途径，例如，"世界机器人大赛"和"世界奥林匹克机器人大赛"。可见，大学生的探究学习，承载着国家和民族的希望与未来。只有加强大学生探究学习，他们才会很好地面对未来未知的问题。

（三）专业性与全面性特点

高等教育的任务是为社会培养各类高级专门人才，因此，高校的课程体系设置具有明显的专业指向性。不同专业的课程设置、教学内容和培养目标存在较大差异。虽然学习中也会涉及许多与专业关系不甚密切的课程，如面向所有学生开设的公共课程、通识课程，但专业课程终究是每个专业学生的主攻领域，接受专业学习的大学生必须在自己的专业领域具备较为扎实的专业知识与专业技能，展示一定水平的专业素质与专业才华。

大学生学习全面性是指大学生的学习活动不仅应该包括认知学习活动、道德学习活动、审美学习活动与身体学习活动等，而且大学生学习活动旨在促进大学生身心和谐全面发展。高校全面发展教育、大学生全面性学习活动，是实现大学生身心全面发展的前提。大学生身心全面发展，要求高校开展全面发展教育，即德育、智育、体育与美育等，不仅有课堂教学，而且还有丰富多彩的课外文体活动，以及校外的社会调查、社会实践等。在丰富多彩的校园社团活动中，在勤工俭学的社会实践活动中，学生的专业知识、专业技能得以巩固、运用的同时，大学生的品德、情操及体魄也会得到全面的发展。

二、大学生学习心理机制

学习心理机制是学习者进行学习活动的内在原因，即进行学习活动的内在因素有哪些，这些因素的关系如何，及它们之间是如何相互作用的，等等。学习内在因素主要包括动力系统、操作系统、监控系统与习得系统四个方面。学习动力系统主要指学习理想、学习动机、学习兴趣等；操作系统主要指学习者的注意、记忆和思维等；监控系统主要指学习者的学习计划、学习策略与学习反馈等；学习习得系统是学习者获得的知识结构、认知结构与产生式系统。

学习心理机制主要有两种模型，即行为主义学习模型与认知主义学习模型。行为主义学习模型以巴甫洛夫、桑代克、华生、斯金纳等为主要代表，认为学习即条件反射，或是刺激与反应联结的获得，学习过程是不断尝试错误走向成功的过程，强调准备、练习与强化等因素在学习中的地位与作用。认知主义学习模型以布鲁纳、奥苏伯尔等为代表，认为学习本质上是知识结构、认知结构的形成与获得，学习过程是学习者不断理解，获得顿悟，并构建相应的知识结构、认知结构的过程，强调新旧知识间相互作用、学习者的理解顿悟，以及知识结构、认知结构的形成与改组。

鉴于上述，学习活动与学习者内在的动力系统、操作系统、监控系统及习得系统密切相关，也是四种系统协同作用的结果。"练习练习再练习""题海战术"是行为主义学习流派所青睐的学习方法，而"思考，思考，再思考""一题多解"则是认知主义学习流派所倡导的学习策略。两种学习流派，都揭示了学习的一些内在秘密，但也都有所欠缺。而今，两种学习流派告别了当初相互攻击、彼此诘难的状态，走向相互学习、彼此借鉴的境地，是可喜的，也是必然的。

目前，在我国的研究中，认为学习包括认知学习、道德学习、审美学习与身体学习。认知学习主要解决知识与智力（知与智）、经验与理论（"一"与"多"），道德学习主要解决道德与品德（礼与仁）、功利与道义（利与义），审美学习主要解决美与学美感（镜与灯）、形象与神韵（形与神）等方面的问题。这些观念的背后，也是对学习心理机制的一种诠释。至于对生存学习、交往学习与超越学习的界定，陈述性知识学习（辞典）、程序性知识学习（巧匠）与策略性知识学习（智者）的区分，也可以理解为一种学习心理机制的阐述。

第二节 大学生学习心理的有效教学与潜能开发

一、大学生学习心理的有效教学

学习过程大体包括操作系统、监控系统、动机系统与习得系统。因此，衡量有效学习主要有三个方面的变量，即学习策略、学习动机与学习结果。换言之，这三个变量，决定了学习的有效性。学习策略通常是指"会学"，学习动机是"想学"，而学习结果就是人们所说的"学会"了。要使学习变得有效，人们常常以为有良好的学习策略与强烈的学习动机就够了，往往忽视学习结果在有效学习中的作用。其实，学习结果也是影响人们学习的一个重要因素。例如，一个学习者所获得的知识结构、认知结构和产生式系统如果不具备一定的包容性、可分辨性及稳定性，那么，学习之间就很难产生积极的正面迁移，学习有效性就难以得到保障，见微知著、触类旁通的学习情景就无法实现。学习结果的好与坏，也左右着学习者的学习活动。《教育心理学》中学习迁移的相关理论，就是为了研究并阐述这方面的问题。因此，若想大学生学习变得有效，就必须从大学生的学习策略、学习动机及学习结果三个方面来加以考虑。

（一）大学生学习策略

大学生学习策略，是大学生提高学习效果的一切方式方法。大学生学习策略主要包括两个方面：一是要求大学生建立正确的学习观；二是要求大学生运用有效的学习策略。大学生学习策略为大学生有效学习提供智力支持。

1. 树立学习观念

大学生学习观是大学生对学习的基本观点与看法，是大学生进行学习活动的指导思想。大学生正确的学习观包括以下方面：

（1）自主学习观。自主学习是一种主动的、自觉的、积极的学习，而不是一种被动的、自发的、消极的学习。学习者根据自身情况，确定学习目标、学习内容、学习方法，在自我计划、自我监控、自我调节的过程中完成学习活动，实现自己身心的发展。学习者成为学习的真正主人。大学学习与中学学习是有较大差异的，大学学习更加要求大学生在学习活动中发挥自主性。自主学习观是大学生进行大学学习的前提。

（2）创新学习观。创新学习是一种在继承、接受的基础上有所创新、有所发现的学习。学习可以分为接受学习（下位学习）与发现学习（上位学习），接受学习旨在接受、继承，发现学习旨在发现、创新。大学生在大学学习期间，很大程度上进行的是接受学习，掌握人类已有的认识成果与文化精髓，以传承文明，实现自身的社会化过程。但是，开展发现学习，建立创新学习观，对大学生而言也意义重大。所以创新学习观要求大学生在学习中进行创新思维，培育创新人格，开展创造性学习。

（3）终身学习观。终身学习的教育思想是在20世纪六七十年代形成的，终身学习的定义则是在首届世界终身学习会议上提出的。认为学习不是单纯地接受学校教育，也不是少数人被动的阶段性学习，而是所有人主动的贯穿终身的学习，学习应该成为所有人终身的行为习惯和自觉行动。大学生要意识到终身学习不仅是个人生存发展的手段，更是通向事业成功的桥梁。终身学习观要求大学生将学习视为一辈子的事情，学习既是一种生活习惯，也是一种生活态度，更是一种生活幸福。

（4）全面学习观。全面学习是指大学生学习不仅仅是认知方面的学习，而且还包括道德学习、审美学习与身体学习等诸多方面的学习。只有开展全面学习，才能实现大学生身心全面发展。如果只是偏重大学生认知方面的学习，就很容易导致大学生"有知识没能力、有能力没人格、有人格没心灵"的局面。因此，全面学习观要求大学生把书本与社会、动手与动脑、课堂与课外、认知与情意、身体与心理、做事与为人、功利与情趣、生存与生活等方面结合起来，全面学习，和谐发展。

2. 有效学习策略

大学生学习策略是指提高学习效果的一切方式方法。学习策略一般包括认知策略、元认知策略与资源管理策略等。认知策略是信息加工的策略，包括复述策略（重复、抄写、记录和画线等）、精加工策略（想象、口述、总结、笔记、类比和答疑等）和组织策略（组块、重点和提纲等）。元认知策略是对信息加工过程进行调控的策略，包括计划策略（设置目标、浏览设疑等）、监视策略（自我测查、集中注意和监视领会等）和调节策略（调整速度、更新方式等）。资源管理策略则是学生管理可用的环境和资源的策略，包括时间管理（建立时间表）、学习环境管理（选择学习地方）、努力管理（调整心态、选择坚持和保持动力等）及获得他人支持（教师扶持、同学帮助和小组合作等）。三种学习策略的划分，对于大学生学习具有非常大的指导意义。大学生提高学习效果，除了运用好资源管理策略之外，还要掌握有效的认知策略，学会思考，学会对信息进行处理；还要掌握元认知策略，对思考及信息处理过程进行再思考。思考、思考、再思考，是大学生掌握学习策略，提高学习效果的核心。从知识到认知、从认知（策略）到元认知（策略），是一种无限后退过程，在这种过程中，大学生的聪明才智会不断提高。

（二）大学生学习动机

大学生有效学习，除了树立正确学习观、运用有效学习策略之外，还必须具备强烈的学习动机。学习动机是推动大学生进行学习活动的内驱力。学习动机由内在的学习需要与外在的学习诱因构成。大学生学习动机是大学生开展学习活动的动力系统，为大学生有效学习提供动力保障。

学生学习动机归为三种，即认知内驱力、自我提高内驱力与附属内驱力。认知内驱力是指了解事物奥秘、满足内心好奇的一种需要；自我提高内驱力是指学生通过学习提高自己、获得成就、赢得尊重的一种需要；附属内驱力是指融入社会、扮演角色、获得认可的一种需要。学校情境中学生的三种内驱力，主要解决学生与自然、与自己、与社会等方面的问题。

学习活动肯定与学习者学习动机有着密切的关系。心理学关于学习动机的理论，主要有成就动机理论、归因理论、自我效能感理论与强化理论等。成就动机理论、归因理论及自我效能感理论，揭示的是学习活动与学习者内在的认知、意志与情感的关系，换言之，学习活动源于学习者内在的知情意，无论是学习者的认知、意志与情感都可以成为学习活动的内在原因。学习行为诉诸学习心理，学习心理体现在学习者"知情意"上。学习行为可以归于学习者内在的看法、信念，归因理论如是说；也可以归于内在的追求与目标，成就动机理论如是说；还可以归于内在的喜爱与乐趣，自我效能感理论如是说。至于强化理论，则是强调学习者的学习行为源于外在的强化因素。学习者的学习行为既源于内在心理因素，也源于外在的环境因素，强化动机理论正是看到了这一点。例如，现实生活中不乏为了博得妈妈的笑容或教师的欣赏而学习的学生。

虽然学习动机不是学习活动的必要条件，但学习动机一定是有效学习的必要条件。尽管影响有效学习的因素是多种多样的，但学习动机对有效学习的影响是不可忽视的。因此，大学生学习动机的培养与激发，是应该受到重视的一个问题。培养与激发大学生学习动机需要做到两点：首先，必须树立人生理想，制订学习目标。理想和目标既是学习的结果，也是学习的动力。理想和目标是学习乃至人生的动力。因此，树立人生理想，制订学习目标，是学习的动力源泉。其次，让大学生在学习中获得成功，感受因学习而获得的自我效能感，是大学生学习动机培养与激发的关键。通过学习，取得成功，收获自信，感受喜悦，是大学生热爱学习的不二法门。在学习中，只有学得好，才会喜欢学习，才会孜孜以求、乐此不疲地学习。在学习中收获自我效能感，是大学生热爱学习的心理秘诀。

（三）大学生学习结果

大学生学习与学习策略、学习动机存在着密切的关系，也与大学生学习结果有一定的关系。因为任何学习都是在已有的知识、技能、能力、兴趣、习惯等基础之上进行的。因此，已有学习结果的好与坏会影响学习的效果。在知识学习过程中，奥苏伯尔的同化论表明，学习过程是新旧知识相互作用、不断同化的过程，为了促进新旧知识的同化过程，已有的认知结构必须具备三个方面的变量，即包容性、可分辨性与稳定性。包容性高、可分辨性强、稳定性好的认知结构，有利于新旧知识之间的相互同化，以及正迁移的发生。这三个变量就是对已有认知结构，也就是学习结果的一种界定，可见，学习结果的好与坏，对学习活动而言会产生一定的影响。

学习结果对于学习的影响，主要体现在学习迁移理论的研究上。传统的迁移理论有形式训练说、共同要素说及概括化理论等，现代迁移理论主要有奥苏伯尔的认知结构迁移理论，以及安德森产生式迁移理论。特别是奥苏伯尔的认知结构迁移理论及认知结构的三个变量，对于大学生知识方面学习，无疑具有巨大指导意义。

二、大学生的潜能开发

大学生学习旨在全面提高大学生身心素质，开发大学生内在潜能，促进大学生身心和谐发展。对于大学生的"素质""潜能""发展"，人们习惯于用"德才兼备""又红又专""身心和谐"等加以描述，也有用"文质彬彬""气韵生动""诗意栖居"等进行界定，这都未尝不可。如果代之以"四商"（智商、德商、情商与体商）进行衡量，也是一种不错的视角。

"四商"的提出，有它的逻辑本原。人都有身心两个方面，于是就有"体商"和"心商"的区分。"体商"用来描述身体素质，"心商"用来描述心理品质。因为人的心理有认知、情感和意志三种基本心理过程，于是，分别用"智商""情商"和"德商"来进行描述、衡量人的认知、情感与意志方面的品质。与此对应，学校教育形态便是"四育"，分别是智育、美育、德育与体育。由此，教育过程就可以看成是教师对学生"晓之以理、动之以情、导之以行"的过程，教学过程是师生实现"共识""共鸣""共志"与"共健"的过程，而大学生学习过程则是开发智力、涵养情感、培育人格与增进健康的过程，也是大学生追求智慧、自由、幸福和健康的过程。

下面主要探讨涉及大学生心理过程的"智商""情商"和"德商"。

（一）大学生智商及智力开发

认知活动过程主要是指人们的感知、记忆、思维、想象等，主要用来反映客观事物的本质和规律，并为解决现实生活中出现的问题提供思路与策略。智商（IQ），是描述人们认知活动过程品质的一个概念。智商概念出现于19世纪末和20世纪初的西方，有比纳的比率智商概念，还有威克斯勒的离差智商概念。智力是指人们在认知活动中体现出的一种特殊能力，而智商是用来衡量智力高下的一个范畴。

智力在心理学上还是一个颇有争议、没有定论的范畴。我国在20世纪八九十年代，认为智力是指一个人的观察力、注意力、记忆力、思维力与想象力的综合，其核心是思维能力。现在人们比较倾向认为，智力是人们处理抽象概念、进行学习及适应环境等方面的能力，或者智力偏重指人们认知方面的一种特殊能力。可见，智力的定义还是不够统一、不够清晰。

智力是人的认知方面的一种能力，也是一个人聪明与否的体现。智商主要体现在对知识的理解、运用，以及知识创新、问题解决等方面。开发大学生智力提高智商需做到以下方面：

（1）转知成智。转知成智涉及三个方面：①学习知识，大学生必须博览群书，兼容并包，掌握丰富科学文化知识和精深的专业知识；②学会思考，"知识是经过证实的真的信念"表明，知识既是对客观事物本质与规律的反映，也是逻辑化、情感化的一种认知方式，大学生通过学习知识，不仅认识了客观事物的本质与规律，还学会了如何去认识客观世界，由"学会"到"会学"；③善于反思，学习知识，学会思考，还要学会反思，如果知识是"信息"，思考是"处理信息"，那么反思就是"对处理信息的监控过程"。当代西方心理学对陈述性知识、程序性知识及策略性知识的划分，以及知识、认知与元认知的界定，还有我们日常生活中知识、技能与策略的说法，都异曲同工地闪烁着智慧的光芒。

（2）由"多"到"一"。由"多"到"一"即由具体到抽象、由经验到理论的归纳过程，也是探索发现的创新过程。大学生在学习过程中，学会把抽象理论运用到具体实践活动中的同时，也要学会在具体的问题情境中，大胆探索，独立思考，创造性地提出假设、验证假设，最终解决问题。理解知识，运用原理，由"一"到"多"，是开发大学生智力、提高智商的途径，而面对问题情境，通过提出假设、验证假设与获得结论的探索过程，最终创造性地解决问题，则是大学生智力开发、智商提高的最有效途径。

（二）大学生情商及情感开发

情绪情感是客观事物是否符合人的内在需要的一种体验。情商是描述人们情绪情感品质的一个范畴。情商（EQ）又称情绪智商或情感智商。情商主要包括了解自我情绪（自知）、自我管理情绪（自控）、自我激励情绪（热情、坚持），以及识别他人情绪（共情）、处理人际关系（社交）等五个方面能力。中国是通过戈尔曼的《情绪智力》来认识情商的，同时认为情商包括情绪认知、自我激励、情绪控制、人际沟通与挫折承受等方面。国外一般不把挫折承受看作情商的范畴，而在我国则视为情商的范畴。

情商涉及三个层面的内容：一是情绪情感的获得成分，即个体情绪情感方面的品质，诸如个体情绪情感在愉悦性、稳定性、丰富性与社会性等方面的品质；二是情绪情感的管理成分，即个体对自身情绪情感的认知、调适、激励等；三是情绪情感的价值层面，即个体通过情绪情感获得的生活体验与人生心得，进而形成的生活风格、人生境界。因此，情商除了个体情绪情感品质之外，还包括对情绪情感的认知、管理与激励，再宽泛一点，还包括人际关系、挫折应对、风格形成、境界升华及"诗意栖居"人生态度，等等。涵养大学生情感提高其情商需做到以下三点：

（1）不断体验，陶冶情感。通过引导大学生情绪情感体验活动，陶冶他们良好情绪情感品质。大学生情绪情感应具有愉悦性、稳定性、丰富性与社会性等特点。

（2）认知情绪，管理情绪。认知情绪包括了解自己与他人的情绪，一般而言，情绪的好坏，与实现值和期望值之间的比值有关。比值大于1，是积极乐观的情绪状态；比值小于1，则是消极悲观的情绪状态。管理情绪是指通过压抑、宣泄、文饰、升华等心理防御机制，来进行情绪管理。

（3）形成风格，升华境界。个体对情绪情感的管理，源于自己内在的心理体验与人生感悟。没有对生活与人生的透彻感悟，没有形成科学的世界观、人生观与世界观，就无法对自己的情绪情感进行管理、调适与激励。因此，形成生活风格，升华精神境界，既是良好情商的体现，也是提高情商的途径。一个人只有具备了独特、迷人的生活风格，辽远、大气的精神境界，才真正谈得上情商的高与低、雅与俗。在形成生活风格、升华精神的过程中，实现一系列的转变与超越是尤为关键的，诸如由技入道，由"镜"到"灯"，由"形"到"神"，由"快感"到"美感"，等等。

（三）大学生德商及品德开发

德商是描述人们意志过程品质的一个范畴。意志过程是人们为了实现一定的目标，不断调节自己行动，并与克服困难相联系的一种心理过程。情商的提出是早于德商的。20世纪后期提出的情商概念，是相对于智商而提出的，广义的情商是用来衡量和评价人们非智力因素品质的一个概念。因为情商是相对于智商而提出的，所以情商的外延边界有些笼统、模糊，也就包括后期研究而提出的德商范畴在内了。有学者以为，德商应该是一个不同于情商的范畴。德商是对应于人们的意志过程，而情商是针对人们的情绪情感过程来讲的。两者既有联系也有区别，如情感过程与意志过程的关系，两者不能混为一谈。培养大学生品德，提高其德商需要做到以下方面：

（1）培养爱心。引导大学生学会站在别人角度去思考问题与处理问题，学会心理置换，学会关心帮助别人，服务他人，奉献社会，实现由"我"到"我们"的思想转换，从而富有爱心。

（2）淬炼气节。引导大学生在追求功利的同时，也追求超功利的精神品位。在满足物质需要、生理需要的基础上，努力追求精神需要、心理需要的满足。

第三节 大学生常见的学习心理障碍及其调适

大学生出现学习心理障碍有多个方面的原因：首先，从概率论角度讲，大学生出现学习心理障碍是或然的，也是必然的。大学生学习状态无外乎"生而知之、学而知之、困而学之与困而不学"，而"困而学之""困而不学"就属于学习心理障碍的范畴。其次，大学生学习心理障碍还与大学生学习活动本身有一定关系。大学生学习活动中充满了竞争性，无论是奖学金的分配，还是考研深造，抑或求职择业，都充满了惨烈的竞争。激烈竞争意味着落榜与淘汰。这就要求大学生尽心尽力、心无旁骛地学习，不能三心二意。激烈的竞争，可能诱发大学生学习心理障碍的发生。最后，大学生身心素质与学习方式，也可以诱发大学生学习心理障碍的产生，如学习行为归因方式、学习抱负水平、学习策略运用等。

大学生学习心理障碍及其调适主要有如下三种：

一、学习倦怠及其调适

（一）学习倦怠的表现

学习倦怠是指大学生缺乏学习动力，没有兴趣，而产生的一种身心俱疲的状态，其主要表现具体为：①情绪低落。缺乏学习兴趣，没有学习热情，把学习看成一件苦差事。②行为不当。旷课、迟到、早退，上课不用心听讲，对待学习敷衍了事，不关心自己的学业成绩。③低成就感。自我评价低，怀疑自己能力，没有学习成就感。

(二) 学习倦怠的原因

大学生学习倦怠的原因是多方面的，有社会、学校及家庭方面的原因，也有大学生个人方面的原因。大学生个人方面的原因主要有以下方面：

(1) 没有目标。不少大学生进入大学后没有学习目标，仅仅把毕业作为自己的学习目标。

(2) 缺乏兴趣。不少学生进入大学前对自己所学专业知之甚少，进入大学后，才知道自己所学专业与自己的特长、兴趣相差甚远。有些大学生的志愿甚至不是自己填的，一旦更换专业没法实现，就只得索然寡味地学下去。

(3) 消极归因。人们在做完一件工作后，往往喜欢寻找自己或他人成功或失败的原因，这一心理过程就是归因。个体的归因会影响其未来活动的选择、坚持性和动机强度。归因又分为积极归因和消极归因。所谓积极归因是有利于未来活动选择、坚持与加强的归因，而消极归因则是不利于未来活动的选择、坚持与加强的归因。积极的归因与正向的情感体验、较高的期望、行为的加强相联系，而消极的归因则让人们情绪低落、期望值降低和行为减弱。把成功归因于自己能力高、把失败归因于自己努力不够，为积极归因；而把成功归因于运气好、把失败归因于自己能力不够，则属于消极归因。在失败面前，有的学生习惯归因于自己的运气不好，或者题目太难，或者老师对自己有偏见，或者自己不擅长学某门功课等；而在成功面前，有的学生习惯归因于运气好、题目太简单等，这些归因都属于于事无补的消极归因。

(4) 习得性无助。个体经历多次失败后，会产生无助感；而经历多次成功则会产生成就感。当学生在学习活动中过多遭遇失败，就会获得习得性无助。而习得性无助的获得，是学习倦怠的深层心理原因。

(三) 学习倦怠的调适

调适学习倦怠，首先，建立学习理想、学习目标。学习理想、学习目标是大学生学习的动力源泉；其次，培养学习兴趣。兴趣是最好的老师，兴趣也是消解学习艰辛的润滑剂；再次，进行积极归因，建立积极归因模式；最后，让大学生在学习中获得成功的感觉，只有获得学习成功，才能远离学习倦怠。

二、学习无方及其调适

学习无方是指学习中缺乏方法意识，不会运用学习策略进行有效的学习。主要表现在以下方面：

（1）缺乏有效计划。缺乏有效计划表现为没有学习计划，也不会制订学习计划，学习只是被动地应付作业和考试，没有学习主动性和自觉性。也有些学生尽管有一些学习打算，但不能把这些打算变成有效的学习计划，往往是计划赶不上变化，起不到任何作用。

（2）不重视知识的深加工。不重视知识的深加工表现为只是接受老师讲授的书本知识，只会记忆，不求甚解，知其然不知其所以然。缺乏对知识的深加工，没有真正掌握知识，也就不可能触类旁通了。

（3）缺乏学习资源管理策略。缺乏学习资源管理策略主要表现为没有时间观念，不会有效利用时间来提高学习效率；也不会利用学校图书馆丰富的信息资源；至于学校开展的各种专题讲座、社会实践和为学生专设的科研基金项目等，不少大学生就更不懂得有效利用了。

学习无方主要从以下方面来调适：首先，树立学习策略意识。学习策略是提高学习效果的最为有效的途径。学习除了"苦学""苦干"之外，还要注意"巧学""巧干"。其次，训练并掌握认知策略、元认知策略及资源管理策略。认知策略主要有注意策略、复述策略、精加工策略、组织策略等；元认知策略主要有计划策略、监控策略与调节策略等；资源管理策略主要有时间管理策略、学习环境管理策略、努力管理策略及获得他人支持策略等。只有认知、理解、掌握并运用这些学习策略，大学生学习才会收到事半功倍的效果。

三、学习焦虑及其调适

大学生学习焦虑主要表现为精神高度紧张，注意力涣散，记忆力下降，烦躁易怒，寝食难安等。学习焦虑可以分为情境性焦虑和特质性焦虑。情境性焦虑是特定情境中的一种暂时的、波动的情绪状态，考试焦虑是情境性焦虑最为突出的表现形式，即在临考前或考试时产生紧张、恐惧的情绪状态，表现为临考前过于紧张，有时会出现胃部等躯体不适状况，考试时注意力不集中，记忆力下降，严重的还会晕场。特质性焦虑是指相对持久的学习焦虑倾向，焦虑已经泛化到个体人格中，形成焦虑性人格。学习焦虑有以下原因：

（1）动机过强。适当的焦虑是有利于学习的，但过度的学习焦虑反而会影响学习效果的提高。学习焦虑就是太想获得学习成功了，越想获得学习成功，就越担心学习出岔子。因此，学习动机过强，学习焦虑就越强烈；学习焦虑越强烈，就越发影响学习效果。

（2）准备不足。如果平时学习扎实认真，就会建立起学习自信，就不会有学习焦虑。只要功夫深，遇到怎样的考试或是挑战，都会成竹在胸、处变不惊、从容应对。如果平时学习不扎实，准备不充分，自然就会内心忐忑、焦虑。

（3）个性特点。学习焦虑还与个性特征有一定关系。缺乏自信、性格敏感、追求完美、过于内向、习惯拖沓的人容易产生焦虑。

学习焦虑的应对方法主要有：首先，调适期望值，平和心态，抱负水平降低，焦虑会随之减轻；其次，平时认真学习，一步一个脚印；最后，培养良好的个性品质，培养自信、从容、豁达、外向的性格特点，化学习焦虑于无形。

第四节 大学生学习心理辅导课程的设计与教法

在学习过程中，学生的学习动机、情绪、策略以及习惯之间是相互作用的，因此用来改善这些学习心理问题的具体途径也可以融合起来。学习心理辅导课程可以基于上述理论知识进行设计，通过课程激发学生的学习动机，改进其学习策略，培养其良好的学习习惯，提升其在学习中的积极情绪体验。

大学生学习心理辅导课程的教学目标为：①认知目标：帮助学生分析和认识自己在学习活动中的动机程度和类型、情绪体验、学习策略使用和学习习惯等情况。②情感目标：引导学生接纳自己当前在学习动机、情绪、策略和习惯等方面的优劣状态，形成愿意改善学习心理问题的积极心态。③行为目标：提供具体的学习策略提升和习惯改善建议，通过适当的动机和情绪激发策略，协助学生改善学习心理问题。

一、大学生学习心理辅导课程的内容设计

学习心理辅导的内容主要围绕学习动机、学业情绪、学习策略、学习习惯和过渡期适应等方面进行设计（表5-1）。

表5-1 学习心理辅导的教学内容设计[①]

模块主题	教学内容
我为什么爱学习？	学生分别在"我喜欢学习，是因为……"和"我讨厌学习，是因为……"栏下尽可能多地填写原因；介绍学习动机的种类，帮助学生分析自己的学习动机状况；讲解动机类型对于学习坚持性和成绩的不同影响，促进学生认识内在动机的重要性。
我为什么会成功？	学生分析并写下他们认为带来最近一次学业成功或失败的原因是什么；介绍归因理论，引导学生将成功或失败归因于内部、可控和稳定的因素，而不是外部、不可控和不稳定的因素，激发其学习动机。

[①] 刘宣文，赵晶. 学校心理健康教育课程设计与教法[M]. 北京：中国人民大学出版社，2020：198.

续表

模块主题	教学内容
我有考试焦虑	学生回想自己在考试中有哪些焦虑的行为和心理表现，分析导致考试焦虑的因素；呈现焦虑与成绩/表现的关系图，帮助学生了解焦虑的益处和害处；告知其适当的焦虑有助于发挥自身水平，同时一起探索缓解过度焦虑的方式，让学生掌握至少一种方法来缓解焦虑。
好习惯和坏习惯	学生分享自己在学习过程中的好习惯（如上课专心听讲、课后主动做作业、勤复习等）和坏习惯（如做作业磨蹭、见异思迁等）；学生分析这些好习惯和坏习惯是如何促进或阻碍自身的学习的，认识到要培养和摒弃哪些习惯以助力学习。
我为什么记不牢？	呈现经过不同处理后的记忆材料（如无序字母+组块字母），让学生分别进行回忆，分析回忆效果出现差异的原因；呈现艾宾浩斯遗忘实验和曲线，引导学生了解记忆和遗忘规律；介绍不同的促进记忆和学习的策略，学生练习并探索最适合自己的学习策略。
我的学习计划	学生分享自己做过的学习计划，分析为何没有根据计划实施学习行动的原因；掌握制订一个合理学习计划的方法，可以设立目标达成时的自我奖励，切勿预设不切实际、急于求成的学习目标；学生通过制订和实施计划达到一定的学习目标。
我会管理时间吗？	设置时间意识、珍惜时间、时间管理等三个主题内容，分别针对不同年级的学生来设计。学生可根据事情的重要程度和紧急程度对时间安排进行分类和排序，在既重要又紧急和重要但不紧急的事情上多花时间。
过渡期巧适应	学生主动意识到当前学习环境（如教师、同学以及课程内容等方面）与以往的差异性，分析当前新环境中的困难和挑战，寻求成功应对这些问题的新的学习方法与策略，以适应新的学习生活。

二、大学生学习心理辅导课程的教学方法

第一，鼓励学生找到自己的学习风格。在学习心理辅导中，面对诸多的方法和策略，学生很容易陷入该选择哪些方法、哪些策略的问题。解决该问题的关键就在于学生是否了解自己的学习风格。有些人学习是听觉通道占优势，有些人学习是视觉通道占优势，有些人的优势是身体动觉智能，有些人的优势是空间知觉智能，不同学习风格和优势的学生都可以找到属于自己的学习方法和策略。教师可以借由一些测评工具协助学生加深对自己学习风格的认识。

第二，与学生的实际学习场景充分结合。学习心理辅导应和学生的学科学习、非学科学习相结合。不管是做学习计划、时间管理，还是培养学习习惯，教师都可以通过设计一

些课后实践作业，鼓励和引导学生在实际的学习场景去应用它们。对学生最难的阶段是，学生要在实际的学习中打破旧有的学习模式，建立新的学习模式，这既是需要时间的，又是需要外界支持和促进的。

第五节　互联网+时代大学生学习心理教育创新

随着我国高等教育由"精英教育"向"大众教育"的转变，高等教育培养人才的教学目标面临着新的挑战。学习活动，是大学生的主体活动，大学生学习心理障碍问题的日益突出，不仅对大学生的学习效果产生直接的影响，而且对大学生的心理健康和全面发展产生间接的、相对持久性的不良影响。鉴于此，利用移动互联网技术，探索"预防—干预—再次预防"新路径具体如下：

一、互联网+时代大学生学习心理教育创新的重要性

"移动互联网是新世纪最有代表性的特征之一，它的迅速发展为教育事业发展带来了许多益处。"[1]

针对学习心理障碍的传统"心理疏导"路径，体现了思想政治教育的"以人为本"，是思想政治教育的重要方法之一，可以帮助大学生解决心理困扰，促进心理健康。在移动互联网环境下，大学生徜徉在网络世界的海洋中，汲取知识、开阔眼界，可以学到与书本不一样的知识。但是，网络在带给学生学习便利的同时，也产生了许多负面影响，例如，大学生沉迷网络游戏、无心学习等。目前，较多大学生使用移动终端访问互联网，我国移动互联网发展已开始进入全民时代。基于移动互联网的"预防—干预—再次预防"新路径的探索，对于加强大学生互联网使用的管理，充分发挥移动互联网在应对大学生学习心理障碍方面的积极作用显得尤其重要。

二、互联网+时代大学生学习心理教育创新的有效性

第一，通过移动互联网，有针对性地对大学生的学习心理障碍进行"预防—干预—再次预防"具有很强的可行性和操作性。针对大学生学习心理障碍，传统"心理疏导"可以采用谈话交流、换位思考、规章制度等对大学生进行学习方面的心理疏导，但大学校园学生众多，每位学生的学习情况不一，进行传统心理疏导需要教师对学生进行逐个了解、

---
[1] 林健. 基于移动互联网的大学生学习心理障碍教育对策研究 [J]. 山西青年，2016 (02)：176.

谈话，疏导后要进行总结反馈，工作量大，耗时长，疏导成效不易把握。而微信、微博、腾讯QQ等依托移动互联的交流平台，已经成为大学生之间、师生之间最主要的交流方式，各学院之间的沟通、学校工作的布置，在一定程度上也依赖于移动互联网的传达。教师可以通过移动互联网与学生进行平等的对话聊天，使学生感受到轻松气氛，更易把握学生真实的思想动态，同时，通过学生论坛、学生的空间、微博、朋友圈等发布的信息、分享的内容、感兴趣的话题也可以直接有效地反映学生的思想状况和学习情况，在预防的同时，可以及时、即时地干预学生的学习心理障碍，并了解预后情况，针对预后评估进行再次干预。

第二，移动互联网技术下"预防—干预—再次预防"新路径对于应对大学生学习心理障碍具有实效性。传统"心理疏导"主要的工作思路是沟通，沟通需要对话双方心理的平等与尊重。在教学活动中，教师与学生之间由于知识的差异、社会地位的不同，本就处于不平等的条件下，因此在进行传统心理疏导的沟通中，学生很难将内心真实想法和困惑表达出来，这就降低了传统心理疏导的有效性。与此同时，网络移动互联网技术的发展，使师生直接可以通过移动互联网设备来实现平等、即时的沟通，减轻了师生之间面对面的心理压力，因此运用移动互联网可以提高对有学习心理障碍的学生进行干预的有效性。网络平台使得教师和学生不再直接面对面，学生会感到放松，在进行初次干预后，有益于学生摆正心态，正确面对自己的学习问题，真实表达学习方面的困惑和想法，教师从而可以迅速、全面掌握学生学习动态，提高再次预防和干预的效率。

第六章

互联网+时代大学生就业生涯辅导课程实践

第一节 大学生就业的常见心理分析与调适

大学毕业生就业的成功与否，不仅取决于其专业能力、道德素养、文化素养等方面，也取决于毕业生的就业心理状况和心理调适能力。

一、大学生就业心理的影响因素

毕业生就业心理指的是毕业之前以及毕业之后大学生因为就业问题而产生的一系列心理活动，毕业生就业心理主要受到主观因素和客观因素的综合影响。

（一）主观因素

1. 大学生的生理状态和心理发展

一般大学生是在23岁左右毕业，这时虽然他们的身体发育成熟，但是心理上并未达到成熟水平。在生理上，雇佣机构对招聘职员的工作时间所对应的职员性别、身高、健康状态等有某种程度的要求，职业的自身所具备的一些特性也或多或少地对就业者的生理条件有所限制。因此，生理因素在很大程度上影响就业，也会对求职者的心理产生影响。

从心理发展水平看，评定一个人的心理发展水平，可以从一个人的认知、情感、意志三个方面入手，如记忆力、分析能力、逻辑思考力、情绪调节能力、意志品质等。心理发展水平将会对个人的业务能力和业务效果产生最直接的影响，因此受到雇佣机构的高度关注。一些雇佣机构还会对应聘者进行几次心理测试，来选择满足岗位要求的就业者，这反映了就业心理的发展水平。

2. 大学生的人格特征与知识结构

（1）大学生的人格特征。人格特征即个性，在生活、实践中经常表现出来，在他人看来是稳定的，是具有一定方向确定性的个人的心理特征的总和，具有与他人不同的独特心理状态和心理特征。人格贯穿一生，影响一生，伴随着人的一生，永远不会消失。正是因为人的个性所产生的需求、动机、理想、信念、世界观和兴趣引导着人民生活，指引着生活的方向和道路。不同的人格特征和个性气质、性格和能力影响和决定了人生的风格、事业和命运。不同的人格特征决定了不同的职业偏好。因为毕业生的择业心理和行为表现多种多样，有的毕业生想过稳定的日子，找稳定的工作，而有的毕业生则更愿意花费钱和时间进行创业。

（2）大学生的知识结构。知识结构是指求职人员的知识系统和求职人员自身之间的关系。知识结构对个人能力的形成影响是最大的，如果知识结构不同那么求职者就会具有不同领域的能力。如今社会越来越智能化，技术迅猛发展，很多产业都逐渐实现了一体化，如今的职业需求的是综合性人才，换言之从业人员应该了解更多领域的知识，让知识的结构更加宽广，层次更加丰富。

大学生在学习过程中，要了解、学习本专业相关的知识和技能，对自己的要求不能是要掌握自己的专业知识和技能这么简单。只有深入了解基础知识和基本技能，才能够应对现今高速发展的社会和多变的人才需求。丰富的知识能力、过硬的动手能力和合理的知识结构能够帮助毕业生就业，同样这也是毕业生确认自己是否能够存活于就业市场的基础。由此可见，大学生的知识结构会直接影响毕业生就业，是就业能否成功的关键因素。

（二）客观因素

1. 社会环境因素

人是群体生活的动物，是社会性动物，人在社会中或多或少都会受到社会环境的影响。不同社会环境会对人造成不同的影响，而影响社会环境的因素有社会风气、社会经济发展等，就业形势和就业政策也会影响人的就业心理。同时就业制度发生改变，市场竞争更加激烈，这是挑战也是契机。给毕业生提供更广阔的选择空间，更有利于毕业生就业，某种程度上而言更加公平、公正、公开和自主。近年毕业生人数呈直线上升，经济的发展促使不同行业产生了不同的人才需求，大学生要客观理性地看待，要积极应对，但也不能放松警惕或太过紧张。要保持健康的心理，充分地了解、分析社会，面对不同的情况要积极采取措施，积极应对，以此达到适应不同环境、成功就业的目的。

2. 学校教育因素

人对教育的理解越来越深入和透彻，大学不仅重视职业教育，还提供全面、高质量的教育。学生在大学的课程中，学校负责学生的社会化教育和培养。这时，学生在学校提供的社会化教育环境获得生活经验，并在自己的学习和理解下进行社会生活与实践。在这个过程中，在人道主义环境中，学校的校风以及教学模式对大学生有很大的影响，对毕业生的就业心理有微妙的影响。

3. 家庭教育因素

家庭是社会的基本单位，父母是孩子的第一个老师。家庭的教育方式和父母的价值观都会直接影响着学生的心理状况和发展。当毕业生被雇佣时，就业情绪很可能受到家庭因素影响。此外，父母对待自己的儿女就业的态度也会影响毕业生的就业态度，父母的态度对毕业生的工作态度也有显著影响。例如，一些父母希望孩子和他们在一起，然而，一些父母不希望孩子在私营公司工作。家庭教育影响着大学生的人格形成，父母态度或多或少会影响大学生的就业态度，所有这些都会影响毕业生的就业情绪。

二、大学生就业心理的不同体现

大学毕业生的就业心理表现形式各不相同，这是因为他们的就业动机多种多样，动机又与他们自身的实际情况相联系。大学生需要积极的就业心理，主要体现在以下方面：

第一，乐观自信。有些学生能够客观地认识和评价自己，有明确的就业需求目标，这是准确分析和支持社会就业形势和社会需求的最有效途径。这类学生能够有效避免自身缺点，发挥优点，碰壁时不气馁。这类学生会积极收集就业信息，找到最满意的工作。

第二，有竞争的勇气和风险意识，一些毕业生可以适应刚毕业时的就业形势，并明白就业市场的竞争是不可避免的；要提高他们的工作竞争力，就应该不断丰富和完善自己的各个领域的能力，并积极参与社会活动和学校文化活动。他们必须提高自己的整体文化水平，同时以较强的竞争意识勇敢竞争。相当数量的毕业生既具有竞争力又具有冒险精神，他们不认为稳定是最好的选择，希望获得具有充分竞争力的专业职位。这些职业都有一定风险，但很容易发展，因此很容易体现自己的价值观，很受毕业生的喜爱。除了事业单位和大型国有企业外，人们也倾向于选择具有充分竞争力的工作来自主创业。

现如今人才竞争十分激烈，毕业生必须满足社会发展的需求。千万不能脱离现实，要与时俱进，变得独立，有强烈的自信。必须自信，不能自卑，要发挥自己的优势，来满足社会的需要和自己的条件。面对自己的缺点，要接受不能逃避，通过"双向选择"实现理想，追求工作生活。

三、大学生就业心理的准备方法

就业作为大学生从学校到社会的转折点至关重要。面对就业，应届大学生应该积极做好就业准备，包括专业知识和专业能力的准备、职业道德责任感的准备以及心理准备。此外，要以积极的心态面对就业挑战，应届毕业生在就业时需要在众多的工作岗位、工作公司中选择适合自己，能够满足自我发展、提升自我价值的岗位。

当今时代发展迅速，几年的时间足以让时代变样。大学生经过四年的大学学习，入学前的专业就业形势和毕业时已然不同，专业可能由热门变冷门或者由短线变长线等，这些原因都可能导致求职信心受挫。因此要求毕业生具备相应的心理准备，冷静思考，正确分析自己的求职地位，主动改变自身想法，积极贴合社会需求，调整心态，寻求适合自己的职位。及时调整心态，顺利就业。

应届毕业生就业时缺乏相关就业经验，而且就业市场竞争非常激烈，这导致许多大学生在就业求职的过程中，感觉压力巨大、情绪波动起伏、焦虑，就业给他们的生活以及学习带来了困扰。为了帮助大学生积极正常地度过就业转折点，应该帮助大学生进行心理建设，应届毕业生的心理建设应该从以下方面入手：

（一）做好角色转换

就业对于大学生来说是一场角色转换，从之前单纯的学生身份向社会职员角色的转换。学生时代生活相对规律、状态相对稳定、生活也有保障，学生时代中稳定从容的环境，容易带给大学生美好浪漫的错觉。然而，社会是残酷的，尤其是当代大学生就业竞争大，面对生活环境的突然转变，如果大学生继续沉浸在大学生活的美好幻想中，很难应对就业的激烈竞争，所以大学生需要做好角色转换的心理准备，在毕业的转折点上及时调整心理认知，保持清醒的头脑，认清社会就业现状，并且运用学生时代所学的专业知识与技能，寻求相应的社会需求，找寻适合自己的职位。在大学时期，学校应该传授给学生清楚明确的观点，提前对大学生进行心理预设，让他们知道大学生也是社会上的普通一员，大学是为了积累知识、储备技能，是为了将来社会工作的需要，这样在毕业时有助于大学生及时做好角色转换准备；有助于大学生认清自己的社会身份；积极努力地选择就业，投入到社会工作人员的队伍中，为社会主义建设奉献自己的力量。

（二）正确认识自我

大学生应该进行自我认知，充分了解自己的特点。根据自身的性格、喜好、特长、知识储备、技能储备，选择适合自身发展的职业。通过对自我展开充分认知了解，才能寻找到适合自己的职位，充分发挥自己的长处。对自我进行科学有效的认知，可以通过科学心理测试，此外，与老师、朋友、父母交谈，老师、朋友、父母给予个人的客观评价也是开展自我认知的渠道。正确、科学、有效的自我认知可以帮助应届毕业生更好地进行就业选择。

(三) 准确评价职业

大学生在就业时应该正确认识和评价职业。人和职业之间具有双向选择性，人需要根据自己的特长选择擅长的职业；职业也要求述职的人要具备相应的工作能力。应届毕业生需要对不同的职业有一定的了解，寻求职业与自身特征的匹配度，需要根据自身的特点寻求适合自己特长发挥的职业。

(四) 厘清就业形势

大学生在就业前应该充分认识就业形势。随着教育的普及，教育越来越大众化，就业形势严峻，竞争激烈出现"相对过剩"现象，相对过剩反映的是大学生的需求不平衡，具体表现为在边远地区或者基层单位急需受过高等教育的人才，但是在大城市岗位竞争激烈，人才过剩。应届毕业生应该了解就业形势，并做好求职遇挫的心理准备，有远大抱负、才华横溢的大学生可以根据边远地区以及基层单位的需要，投身于基层工作或边远地区服务工作，实现人生的价值。

(五) 加强自主择业

应届毕业生应该做好自主择业的心理准备。在就业前大学生活平稳安定有规律，还有老师的指导以及父母的帮助，大学生可能并未真正独立。在面对就业选择时，大学生可能会出现迷茫缺乏自信的情况，有的大学生甚至依赖于老师和家长的帮助与就业单位谈就业事项，大学生这种不自立的行为，会导致用人单位对大学生缺乏委任工作的信心，进而导致就业选择的失败。因此大学生在就业时一定要做好自主择业的心理准备，要相信自己，并充分利用自己的特长，选择适合自己的职业。

(六) 学会面对挫折

应届毕业生应该做好工作遇挫的心理准备。现如今就业形势严峻竞争激烈，在竞争的过程中，有成功者就会有失败者，所以在求职的过程中，大学生可能会产生如下心理问题：首先，产生迷茫，在就业选择时自己的专业与职位需求吻合度低，大学生会对未来的职业发展产生迷茫心理；其次，产生逃避想法，在就业求职过程中发现用人单位对职位的知识水平、技能储备要求高，而大学生本身知识技能达不到所要求的水平，会产生对就业的逃避心理；最后，消极想法，对求职过程中遇到的不符合规定、不符合常理的现象感到无法理解，对就业产生消极的态度。以上三点问题的产生是由于大学生心理准备不足，因此大学生在就业之前应该做好遇到挫折的心理准备，了解可能出现的情况，在遇到困难时勇敢面对不怕失败，最终走向成功就业。

(七) 面对就业差距

应届毕业生应该准备好迎接职业期望与现实之间的落差。应届大学生的大学生活向来平稳有规律，过于平稳的成长环境给大学生造成了浪漫理想的感觉，让他们自然而然地认为社会也是一帆风顺的。他们怀着理想的愿景走向社会，希望在社会平台上奋发前进，实现自己的人生价值，理想是没错，但是初入职场的大学生缺乏职业意识、缺乏工作经验，可能会在工作过程中受到领导或同事的指导甚至批评冷遇，进而造成心理期待与实际情况的落差，失去心理平衡。对于此种情况，沉着冷静的大学生可以主动分析原因，寻找自身不足，突破自己不断进步，但是也有学生认为自己受到了不公平待遇，愤然离职。

应届毕业生需要平衡就业期望与现实差距，做好心理准备，就业是一个崭新的开始，需要每位大学生重新努力积攒工作经验，以自己的实际行动获得职业成就感。在工作中遇到挫折时，要以积极的心态面对，不断向前辈努力学习突破自己、提高自己。在就业前，建立一定就业意识，可以帮助大学生更好地发挥就业主观性。

(1) 树立积极主动的求职意识。在大学生选择大学学习专业时，可能会出现自身情况与专业选择偏差的问题。首先，有的学生为了进入好的学校可能选择了不喜欢的专业或接受专业调剂；其次，部分学生可能会受当时社会热门专业的影响，或者受到了过去的专业潮流影响；最后，有些学生的专业选择是根据家长、老师的建议进行的，受到了他人的影响，因此造成了大学生不了解将来就业需求以及专业适用职位，在大学毕业就业时会无所适从。

专业选择已然无法更改，在大学的四年学习期间，大学生应该抓紧机会，了解自己的专业，掌握专业知识，以及了解未来就业需求，积极主动学习专业技能，向社会需求主动靠拢，紧跟本专业的时代发展，有效提升自己将来就业时的竞争力。在就业求职时，积极主动推荐自我，靠自己的实力争取心仪的职位。

(2) 树立自主创业的意识，国家积极鼓励大学生进行创新创造活动，引导大学生应用所学所用进行知识创新，并且国家提供政策鼓励、资源支持。大学生可以在毕业后选择自我创业，自主创业既可以避免就业竞争激烈的问题，还可以根据自我想法开展创业，满足大学生的自我需要。

(3) 树立"转业"意识，在就业过程中，除了就业竞争大、就业形势严峻还有很多毕业生很难就业是因为很难找到专业对口的职位。大学生在就业时选择专业对口职位的观念影响着部分应届毕业生的就业问题。研究发现，大学期间学习的知识，仅占人一生所学知识的十分之一，现代社会终身学习的理念已经越来越普及，大学生在就业时，应该树立转业意识。先就业，再择业。

（4）树立角色转换意识。大学生从学生身份向社会职员身份的转变需要一段过渡期。大学生经历了四年平稳、有规律、稳定的大学生活，虽然也有相关的社会实践活动，但是对社会了解也并不深入，导致长期与社会脱节，因此面对突如其来的社会生活，很多习惯难以改变，很多思想也会受到冲击。大学生应该树立角色转换意识，在过渡期积极调整自己的思想观念来适应社会发展和职位需求。

四、大学生就业心理的具体调适

对于个人而言，职业选择期是非常重要的，在人的一生各个阶段当中，职业选择阶段的影响是非常重要的，所以必须保证个人在进行职业选择时有良好的心理状态，职业决定了一个人能否在未来的人生当中发挥自己的优点、能否彰显个人才华、能否实现自我价值、能否取得事业成功。在大学生就业的过程当中，为了避免学生产生就业压力和就业心理问题，学校以及国家应积极采取措施帮助大学生进行心理调适。

（一）就业心理调适的内容

心理调适可以简称为调适，调适的过程是人们适应认知结构变化和扩大的过程，大学生的就业必然会面临一些挑战和困难，容易导致大学生出现心理问题，这会对大学生的个人健康以及积极就业造成负面影响。心理调适便能够帮助学生解决这些问题，并帮助他们建立客观、正确的思维方式，从而形成理性的自我认识，有效控制、调节自己的心理困扰和情绪，促进个体身体健康。

综上所述，我们发现自我心理调适需要个体按照自我心理的特征、自我心理的需要以及外在的环境展开自我调控，自我心理调适能够让学生保持心理平衡，解决心理困扰，在求职的过程中更好地发挥潜力。所以，应该帮助大学生掌握自我心理调适方法，提高自我心理调适的能力水平。对这些挫折和困难能有客观、理性的认识，排除心理困扰，化解现实困境，选择适合自己的就业目标。同时，大学生也应该积极进行自我调适，并对自己的心理问题进行疏通和调解，提高自己化解矛盾的能力和承受挫折的能力，维护自己的身心健康。

1. 内心要充满自信

每个人都有理想，而理想实现的前提首先需要人们对自己有比较客观、理性的认识，并根据客观条件和自身特点，设立适合自己的发展目标，增强自己的自信心。随着社会的不断进步，社会人才竞争日益激烈，面对这种局面，大学生应该树立自信心，加强培养自己的人格品质，从而形成开拓创新、宽容豁达、自强不息以及乐观自信的内在品质，充实自己的内心。

大学生在就业过程中，先要对自己充满信心，相信自己的能力，对未来充满希望，积极对所遇到的挫折做斗争，并对未来的道路始终保持一颗坚定、合理的信心，相信自己必定可以冲破阻碍，到达理想的彼岸。在求职过程中遭遇挫折的大学生更需要适时调整心态，保持理性、合适的求职期望，并保持知足常乐、实事求是的心理状态，成为有抱负、有理想、有信念的大学生，为祖国的建设注入新鲜活力。

2. 正确认知社会现实

人的本质属性是社会属性，要想了解人就需要将其放在现实社会中进行考虑。因此，在大学生求职过程中，首先需要正视社会现实，这样才能够保持良好的心理健康状态。具体而言，良好的心态主要体现在正视社会、适应社会层面。随着科技的快速发展、社会的不断进步，知识经济逐步成为时代的主流，人才培养问题亟待解决。在这种背景下，社会应为青年大学生制定一系列就业制度，并且促进不断改革、深化，进而创造良好的求职择业环境，增加就业机会，促进大学生发展、成才。

由此可见，大学生应该保持实事求是的态度，具体事情具体分析，树立正确的求职择业观念，增强自己自信心，勇于斗争，在竞争日益激烈的市场中逐步获得社会的接受和认可。另外，大学生也应该根据不断变化的社会需求，更新自己的择业观念，选择合适自己的工作，更容易被社会承认。人的本质属性是社会属性，是一切社会关系的总和，这也意味着人的一切社会性活动都要受到各种社会环境的制约，不能脱离社会去生存、发展。若是大学生一味追求个人名利，脱离社会需求，就很难被社会所接受、承认，无法实现个人价值。

3. 培养独立自主意识

虽然大学生的行为仍会冲动莽撞，但社会并不会特殊看待，大学生仍需要对自己的行为负责。因此，在大学期间，大学生应该加强自身独立意识培养，降低对他人的依赖性。

（1）独立生活能力。这是大学生在日常生活中最基本的能力，不管是琐碎繁复的小事，还是难以解决的困难，大学生都应该尽可能依靠自己的能力去解决，训练独立处理问题的能力，进而提高基本生活技能，学会自立。

（2）独立处理工作、生活以及学习方面的能力。大学生应尽自己最大可能培养创造创新能力，激发学习积极性和主动性，学会适应环境、改变环境。

（3）心理、思想层面的独立。在心理层面，大学生首先要建立自信心，不管是逆境还是顺境，都应该保持正确、理性的心态，做到自信、自爱、自尊、自强，从而形成积极健康、乐观进取的心态；而在思想层面，大学生应该加强独立自主意识的培养，对任何事物都应保持自己独到的见解，不断追求自己的理想目标，提高自己独立分析问题、解决问题的能力，完善自己的思想体系。

4. 正确对待挫折和挑战

对于大学生来讲，健康的心理状态还需要保持稳定健康、积极乐观、奋斗进取的态度，勇于向挫折挑战，正确对待现实生活中遇到的挫折与挑战，百折不挠，不能消极退缩，要理性、客观分析挫折出现的原因和解决问题的方法，充分发挥自身的潜能和主观能动性。通往理想的道路是坎坷的，大学生在追梦的过程中要保持积极进取的心态，知难而进、坚强不屈、顽强拼搏，才可能到达梦想的彼岸，奉献青春。

（二）就业心理调适的方法

大学生的心理状态并不成熟，因此在现实生活中，要自觉控制自己的心理状态，积极调节内心中不平衡、不稳定的成分，保持积极乐观、拼搏进取的心态，增强自己的自信心和心理素质，促进全面健康发展。另外，在求职择业过程中，大学生应该根据客观条件和自身实际情况，选择适合自己的心理调适方法，具体包含以下六个层面：

（1）自我激励法。这一心理调适方法主要通过明智的思想观念、榜样的事迹以及生活中的哲理来激发自己学习的积极主动性，并且在内心坚信通向未来的道路是宽阔的，一切困难、挫折和失败终究会过去，使自己可以更加勇敢地面对下一次出现的困境，提高实力，增强自信心。具体而言，当大学生遇到求职受挫等其他意外情况时，可以不断进行自我鼓励，保持冷静、平稳的心态，积极寻求对策，理性解决问题。

（2）注意转移法。这种心理调适方法主要是促进消极情绪向积极情绪的转变，当大学生遇到一些困难时，可以通过这种方式转移注意力，缓和心理压力和紧张的气氛，重新激发对学习、生活的积极性，降低不好情绪对自己的不良影响。例如，大学生可以采用接受大自然的熏陶、参加体育运动及听音乐等调解方式，促进心理平衡。

（3）适度宣泄法。这也是调适大学生心理的一种有效方法，当然，这种方式需要学生尽早调整、宣泄自己的不良情绪，缓解、改善自己压抑的情绪，如向师长、挚友倾诉等。在这个过程中，学生能够获得一定的情感理解、支持，还可以得到一些处理、解决问题的新思路，形成积极进取、奋斗拼搏的品质，增强自信心。另外，学生也可以通过爬山、打球等运动方式冲淡甚至抵消压抑的心理，形成稳定、平衡的心理状态。

（4）自我安慰法。这种心理调适方法又可称为自我慰藉法，大学生若是在现实生活遇到自己无法处理的难题，可以通过自我安慰的方式缓解自己压抑的情绪。

（5）合理情绪疗法。这种方法能够帮助学生形成正确的认知和理性信念，从而形成合理、客观的思维方式，有效解决人们情绪带来的不利作用。首先，大学生应该正确认识不好情绪的来源；其次，要对情绪困扰的原因有客观认识；最后，应积极改变自己的认知方式，尽最大可能减少情绪困扰。

（6）学会放松。放松是缓解焦虑、恐惧，达到心理平衡的有效方法之一。常用的有深呼吸法、肌肉张弛放松训练等。这里主要探讨肌肉张弛放松训练，此方法可使自己充分体会肌肉紧张与放松的感觉。取舒适体位坐好或躺好，开始训练。

第一步：深呼吸。请深吸一口气，然后慢慢地呼出，再做第二遍。

第二步：提眉。尽量提眉，然后放松，体会放松的感觉。

第三步：紧闭双眼，然后放松。

第四步：咬紧牙关，放松。

第五步：低头和仰头。尽量低头将下颌抵住胸口，然后放松；头尽量向后仰，然后放松。

第六步：缩肩和耸肩。双肩向前向胸部靠拢，然后放松；再将双肩向后肋挺胸，然后放松；再将双肩耸起，然后放松。

第七步：紧握拳头。紧握、再紧握，然后放松。

第八步：提肋。使肋骨上提，膈肌下降，胸腔扩大，呼气放松。

第九步：收腹，放松。

第十步：绷紧腿部肌肉，然后放松。

第十一步：翘足。尽量将脚尖抬起，然后放松。

第十二步：全身肌肉放松，体验放松的感觉。

通过肌肉张弛放松训练，可缓解或消除各种不良身心反应，如焦虑、紧张、恐惧、入睡困难、血压增高、头疼等症状，达到心理平衡，另外，在应聘前有紧张感时，通过深呼吸或一组、两组肌肉张弛训练，可以达到转移注意力、放松心情的效果。

除了以上描述的方法外，心理调适方式还包括幽默疗法、松弛练习法、广交朋友法、自我静思法以及环境调节法等方式，它们都能够帮助大学生树立正确的价值观念和求职择业观，增强自信心，养成积极乐观、勤奋进取的人性品格。

由此可见，大学生在求职择业过程中应该增强自我调适能力，培养乐观豁达的态度，磨炼自己的意志，在提升自己各方面能力的同时，也为社会做出一定贡献。

第二节 大学生就业的心理测评与咨询技术

一、大学生就业的心理测评

所谓就业心理测评，就是以现代心理学和行为科学为基础，通过心理测量等技术手段对人的职业心理素质状况和发展潜力进行客观的测量、科学的评价。可以看出，就业心理测评是由就业心理测量和就业心理评价两部分组成，其中就业心理测量是基础，是决定就业心理测评是否科学的核心环节；就业心理评价是对就业心理测量结果的综合分析、判断和推理。换言之，就业心理测量是采用某种被认为能反映人的就业心理素质的标准化尺度，对人的心理行为表现进行划分，以推断其心理特征结构在就业发展上所具有的指向和潜力价值。对这一定义的理解，需要从以下四个方面来把握：

第一，人的心理尽管有主观性的一面，但仍是一种客观的存在，不依观察者的主观意志而转移；同时，心理差异与变化是无限的，即心理的整体形态具有连续体性质。心理的客观存在性和连续体性质保证了测量在逻辑上的可行性。

第二，人的心理特性跟物体的物理特性不同，它是人脑中内在的、看不见摸不着的东西，不可能进行直接测量，而只能用间接的方法来测量。因此，就业心理测量一般都属于间接测量。

第三，人的心理特质同人的外显行为存在联系，心理的特质往往会通过外部行为而表现出来。因此，人的心理特质可通过测量其外显行为来进行间接的推断。

第四，无论是人的心理特质还是人的外显行为表现，都是丰富多彩、不可穷尽的，它们当中的关系也是错综复杂的。因此，在进行心理测量时，需要引入一定的理论框架来对心理特质和外显行为特征进行约定，并建立相应的行为样本。

有了心理测量的结果，就业心理辅导人员就可以据此进行综合分析，诊断出个体在兴趣、价值观与生涯规划等方面的特质，协助他们评估自己的长处与短处，并预测其在教育培养、职业技能训练以及未来工作中的表现和发展潜力。

（一）大学生就业心理测评的地位

心理测评是开展就业辅导不可或缺的工具，在就业辅导工作中占据重要的地位。早期就业辅导工作的产生和发展，受到特质因素论的支配。特质因素论的最大特色，就是分析个体的心理特质和进行工作分析。在个体心理特质方面，主要是分析个体的能力倾向，再在就业世界中找出适合这种特质的工作，以互相匹配。在这种情况下，实施心理测评以发掘个人的能力倾向成了就业辅导的主要工作。

目前，职业辅导逐渐转变成就业心理辅导，在实施重点上也不相同。对个人特质的了解，除能力倾向外，开始注意到兴趣、人格价值、过去的工作与休闲经验，以及生活方式等各个方面。就业心理辅导重视个体一生的就业发展，它探讨就业选择因素的侧重点也与传统的职业辅导不同，但是应用心理测量的手段协助个人了解其心理特质仍然是职业辅导中一项主要的工作。

就测评工具本身的发展与应用而言，由于测量内容不断丰富，新的测量工具逐渐涌现与改进，以及电脑辅助心理测评系统的建立，使得心理测评的解释与运用也相对丰富了很多，从而扩大了就业辅导人员选择测评工具的范围。电脑辅助的心理测评系统实现了快速评分和文字解释的同步化，可以为就业辅导人员提供即时的资料评价。心理测评本身功能的扩展，使得人们不得不重新评估与检测心理测评在就业辅导中的地位与作用，同时希望通过最有效地使用测量工具，满足不同个体就业发展的需要，最大程度地发挥心理测评的效能。

（二）大学生就业心理测评的功能

心理测评在就业心理辅导中可以发挥预测、诊断、区别、比较、探测和评估六个方面的功能。

1. 预测

在就业心理辅导中，心理测评结果所提供的资料，能预测个体在教育训练、职业训练以及未来工作中的表现。

一般而言，心理测评对于个体在教育训练、职业训练方面的预测的正确性，远比对工作成就的预测的正确性高。如通过能力倾向的测评，可以预测个体在需要相同或相似能力倾向的教育学习或职业训练上是否能表现出优异的成绩，但是影响一个人是否成功的因素太多，如恒心、毅力、人际关系等，这些都是无法通过能力测量工具获知的。此外，心理测评的结果还可用来预测个体在职业生涯发展上的满意程度，一般而言，就业兴趣测评能发挥这种功能。

2. 诊断

就业心理测评的诊断功能可以从以下两方面来看：

（1）心理测评可以协助个体评估自己的长处与短处、优点与缺点。个体可以根据自己的优点与长处，肯定或扩展个体生涯的探索与选择。依靠心理测评扩展个体的生涯探索和选择的视野范围，是就业心理辅导中应用测量工具各种功能的突出表现。个体一旦了解自己的优点和专长，今后无论是选择就业方向还是进一步接受教育或职业训练，都将胸有成竹、充满自信。至于短处与缺点，如果发现它们对于个人的就业生涯发展是一种障碍，辅导人员可以适时地建议受测对象及时接受这方面技能的补救训练。通常成就测验或能力倾向测验能协助辨别一个人的专长与缺陷，起到诊断的作用。

（2）心理测评还能协助诊断出个体在兴趣、价值观和生涯计划等方面的特质。提高对自我在兴趣、价值观与人格特质等方面的了解程度，有助于做出适宜的职业生涯决定。如果个人兴趣测评、价值观测评与人格测评的结果与个体表现不相符合，辅导人员还可以以此为依据，安排进一步的咨询辅导，进行较为深入的了解与探讨。

3. 区别

心理测评在就业心理辅导中的区别功能，是指测评的结果能用来判别个体的某些特质最类似于哪一类职业团体。一般而言，在就业辅导中最基本的两类测量工具分别是能力倾向测评与职业兴趣测评。处于任何发展阶段的个体，在实施生涯辅导时接受这两类测评均是必要的。具体而言，能力倾向测评能预测工作表现，而兴趣测评能够指出一个人的职业兴趣与哪一类职业的从业人员最为相近。

就个体特质与未来职业相匹配的要求来说，根据认知方面的测评（如能力倾向）结果和非认知方面的测评（如兴趣测评）结果，我们不仅可以预测受测对象在某一个特定职业团体中特定能力的表现，也能区分出个体的兴趣范围与哪一个团体的成员最为相近。在现有不同类别的心理测评中，兴趣测评、价值观测评与人格测评均具有区别的功能，在实际应用时，兴趣测评在就业心理辅导中的使用比其他两类测评更为普遍。

4. 比较

所谓比较的功能，是指将测评所获得的个人特质（能力倾向、兴趣、价值观、个性特征等）与某一些效标团体相比较，观察两者之间适配的程度。例如，按照霍兰德的职业"自我探索量表"（SDS），我们可以根据受测对象所得到的测评结果，找出一组对应的职业组群，该组群所显示出的个体兴趣范围与从事那一类职业人员的兴趣是大致相同的，这种比较可以引发受测对象对于对应职业进一步探索的动机。对就业心理辅导而言，测评的比较功能具有引导的作用，可以通过测评的结果，引导受测对象由自我探索转移到对职业世界的探索。心理测评的这项功能充分说明，测评的实施在就业心理辅导中不是目的，而是协助受测对象进行职业生涯探索的手段。因此，进行就业心理辅导时对受测对象实施心理测评具有特别的意义。

另外，还有一点需注意，当我们比较个人的特质和职业类型的关系时，不仅要找出相匹配的同一类型，还要鼓励受测对象去探讨和自己特质不相配的职业类型，通过对不相配的职业类型的探讨，加深对个体特质的了解。

5. 探测

职业生涯发展是一生中连续不断的过程，就业心理辅导在这个连续过程中为其提供必要的服务。所谓探测的功能，是指让辅导人员能够了解辅导对象在这个连续的职业发展过程中，其就业计划、就业适应的行为态度以及个体的能力、兴趣等一般状况，以便为其提供必要的有针对性的服务。所以，心理测评的探测功能可以看作是对个体就业进展状况的评估。根据心理测评的结果，辅导人员了解个体是否成熟到能够做就业决策；是否各方面已经准备就绪，足以承担做决定的责任。

心理测评的探测功能还可以延伸到个体事业的发展方面,通过对一些与工作相关因素如工作价值、工作满意程度等的测量评估,了解个体在工作上的适应情形。一般而言,通过就业成熟度测评、工作价值测评、就业计划测评以及工作满意度测评等心理测评,能实现心理测评的探测功能。

6. 评估

"对受测对象的评估可以协助个体了解各项心理特质和就业成熟度的状况,协助个体做就业决定或就业计划。"[①] 另外,心理测评还可以协助辅导人员评估就业心理辅导的进展情况与效果,以帮助辅导人员改进辅导方法,提高就业辅导的有效性。

(三) 大学生就业心理测评的实施

(1) 确定就业发展阶段。就业发展是一个连续的过程,心理测评可以用于这个过程的任何阶段。先要确定受测对象现在正处于哪一个就业发展阶段。从心理发展的角度来看,不同的就业发展阶段有着不同的就业发展任务,处于成长期、探索期、建立期、维持期和衰退期的不同个体,或是处于这些大的发展时期中小的发展阶段的个体,都有特定的就业发展任务。确定了受测对象的发展阶段,有助于协助其设立就业探索的目标,也有助于辅导人员界定辅导的重点。确定受测对象就业发展阶段的目的,在于了解个体一般性的心理成长达到哪个程度。但是,每一位受测对象的心理需求以及他所要面临的生涯问题是不同的,这就需要第二步骤加以澄清。

(2) 分析个人需要。现实治疗法的格拉泽曾指出,无论一个人的问题如何,当他需要辅导时,就表示他遭遇了适应上的困扰——无法满足他的基本需要。每个人都带着困扰前来寻求心理辅导,但困扰的背后却有着不同的需求。分析、澄清受测对象的需要有两个作用:其一,具有建立良好咨询关系的作用。通过关注、倾听、同理等咨询技巧,分析、澄清受测对象的需要,可以与受测对象初步建立良好的咨询关系。心理测评属于咨询的一部分,会影响咨询的效果,所以不能只是将心理测评的实施看成是技术手段。测评实施之前的初步咨询,可以了解个体的特殊需要,建立良好的咨询关系,是不可省略的重要步骤。其二,具有引发动机的作用。如果受测对象了解了自己的就业需求后,可以激发其参与的动机,能主动参与测评实施与解释的过程,减少因动机缺乏而产生的测评误差。假设一个人在这个阶段了解到自己的需求是进行就业探索,必须在辅导人员的安排下进行一系列的自我评定,那么对于将要有计划地实施相关的心理测评,就能采取比较合作的态度。

(3) 设立目标。需求与目标是密不可分的,分析了个体的需求后,辅导人员必须和受

[①] 肖琪. 应用型本科大学生就业心理辅导 [M]. 西安:西安电子科技大学出版社,2019:82.

测对象共同决定测评的目的。无论辅导者与被辅导者,均应该了解测评并不能满足受测对象所有的需求,有些时候,测评的目的在于回答一些具体的问题,如预测实施某个训练计划中个体成功的机会。而另一些测评的目的也许不那么具体,例如为一个人决定就业探索的方向。不管是上述哪一种情况,为了使测评的结果不仅是一个数据而且还是有意义的参考资料,就必须将测评的目的和受测对象的需求相联系。

(4)选择测评工具。每一种测评在就业辅导中均有不同的用途与功能,必须依照测评的目的和测评本身的特性,选择合适的测评工具。例如,能力倾向测评主要用来预估未来工作表现或成功的概率。有时这类测评的结果也可以用来决定一个人是否需要接受补救性的学习和训练,或者是重新接受学习和训练。兴趣测评在就业辅导中通常用来测量个人兴趣类型,并将测评结果与职业团体相比较,指出一个人的职业兴趣与哪一类职业从业人员的兴趣最为相近。人格测评则提供影响受测对象行为的个人特质,测评结果用来比较几种不易下决定的职业时,常常具有澄清的作用。价值观问卷的用途与人格测评有类似之处,同样能反映个人特质,这些特质和"我最看重什么"有较大关系。根据从兴趣测评、人格测评和价值观问卷所得到的资料,辅导人员能较深入地和受测对象共同讨论个人特质与工作世界的关系,以及受测对象在未来就业过程中可能的满意程度。就业成熟度问卷则是用来测量个体在就业发展过程中有关能力的发展状况,如自我了解能力、就业计划能力、就业决定能力等。

(5)解释测评结果。测评结果的解释应与实施测评的目的相对应,不同的测评目的会引导不同的解释方式与解释方向。测评的解释应在测评手册所规定的范围之内,遵循测评结果解释的一般原则。

(6)探索教育或职业资料。不论受测对象是缩小就业选择的范围,或是扩展就业探索的领域,测评所得的资料都可以用来对相关职业或教育世界做一番深入的了解。一个设计良好、适用于就业心理辅导的测评,其结果能使受测对象迅速而有根据地在一个特定的职业群里进行就业探索。

(7)探索个人与环境的关系。测评结果能够让个体肯定对自我的了解,增加自由选择的程度。但是就业的选择是一个非常复杂的过程,会受到环境等多个因素的影响,这些因素包括家庭背景、父母期望、社会价值与社会需要,等等。测评资料可以使受测对象"知己",了解自己的兴趣、能力倾向和价值观等方面。但是,受测对象还要"知彼",还要探索和了解来自家庭、社会等方面的需要和期望,以及这些因素对个体就业选择和就业发展的影响。个体需要平衡两者间的关系,进行合理的选择。

(8)就业决定。就业心理辅导最终的目的是希望受测对象能澄清困惑,做好就业决定。一个好的就业决定必须以"知己"与"知彼"为基础,而心理测评的结果是提供这个基础不可或缺的资料。可以这么说,测评的实施是手段,幼、助就业决定是测评在就业心理辅导中应用的最终目的。

二、大学生就业的咨询技术

就业心理咨询须有良好的咨询关系,即积极倾听、尊重咨询对象、真诚接纳对方及富有同情心。就业心理咨询作为心理咨询的一部分,共享心理咨询的理论和技术,但就业心理咨询又有其特殊性,就业心理咨询中运用的技术较多,咨询人员可以依据咨询对象的问题和需要,选择采取一些特殊的咨询技术。

(一)就业咨询的"幻想"技术

咨询员与咨询对象分析所收集的资料之后,会发现资料所能提供的信息有限,所以在就业心理咨询的实际操作上,开始采纳"幻想"技术用于解决就业选择的困扰。

1. "幻想"技术的方法

"幻想"方法主要有以下方面:

(1)荣誉庆典的幻想。幻想自己正参加一场特殊荣誉的庆祝酒会,而这项荣誉是因咨询对象拥有特殊能力而获得,这一类幻想是为了帮助咨询对象将目标具体化,并思考自己的动机。

(2)异性角色的幻想。幻想自己正承担通常由异性担任的工作。

(3)异族的幻想。本活动促使封闭的咨询对象放开心态,幻想自己从小到大一直是在异族环境中长大的。

(4)职业生涯中改变的幻想。幻想自己改变种种职业的可能性,并刺激思考。

(5)退休的幻想。退休的幻想青年人、老年人均可使用,此活动要求咨询对象回顾性地幻想自己以往的工作生涯、兴趣、能力、价值,以决定就业的安排。

2. "幻想"技术的实施

幻想技术可在个别咨询的情境下进行,也可在团体咨询的情境下进行,幻想的主题基本上由咨询员和咨询对象共同决定。而有效的幻想技术需咨询员做适当的引导,具体过程如下:

(1)咨询员口头(或放录音)温和柔顺地引导咨询对象调整自己的姿势,放松身体,使咨询对象身心松弛。

(2)咨询员以低柔的声调、缓慢的语句,引导咨询对象进入想象的世界。在引导的过程中,避免用会限制咨询对象思考的句子,尽可能给咨询对象保留最大的思考活动空间,使其自由扩展思考方向与内容,想象愈广泛愈丰富,愈能产生有价值的幻想体验。

(3) 咨询员引用其他语句引导咨询对象进入不同的情境。

(4) 幻想活动结束后，咨询员与咨询对象或团体成员共同分享整个幻想过程与感受，并讨论幻想经验与个人就业发展间的关联。

"幻想"技术在就业心理咨询上，可用来协助咨询对象探索不同的可能性，并从中预先体验各种选择的可能后果，有助于就业探索和对就业决策的评估。

（二）就业咨询的模拟个案研究技术

在咨询情境中要求咨询对象投入某种情境，认同其中某一角色，了解、体会、思索问题并解决。模拟个案研究要求咨询对象以个案研究方式，针对某一咨询对象的情况，分析其问题背景，并为其考虑各种可能的解决途径，整个过程使咨询对象犹如身临其境，但能从客观的立场学习整个问题解决与做决策的过程，因而效果可能更好。模拟个案研究的过程如下：

(1) 咨询员介绍问题解决与决策技术，让咨询对象或团体成员了解并练习做决定的方法与过程，待有初步基础后，即正式开展活动。

(2) 咨询员向咨询对象或团体成员说明个案的各种情形及活动的目标、内容。

(3) 咨询员准备个案时，应注意提供和引导成员收集下述资料：咨询对象的目标与问题；影响个人就业发展的因素，如家庭、个人的能力倾向、兴趣、经验、身体状况等；环境资料，包括各种相关职业和教育环境；咨询对象的生活样态、发展方向。

(4) 咨询员将个案的所有资料提供给咨询对象或团体成员，由他或他们自行进行个案研究，咨询员可以补充资料，并协助、引导咨询对象或成员寻求正确的研究方向，掌握分析的方法，如果是团体咨询，每位成员均须提出研究报告，说明所做的决定及其理由。

(5) 完成作业后，咨询对象各自分别提出报告，并与其他成员分享做决定的经验，咨询员就咨询对象提出的方法及经验的优缺点和特色提出讨论。

（三）就业咨询的情境模拟技术

情境模拟就是让咨询员营造出一个与工作环境类似，但充满学习与个人发展气氛的环境。这个环境的营造使得咨询对象能适应他所处的组织环境。情境模拟可以达到以下目的：

(1) 改变个人的行为。给予咨询对象一个与工作相类似的环境，使他可以尝试许多不同的行为来协助自己更好地面对工作。

(2) 提供一个较好的教育与体验的环境，这是为帮助那些在学校、家庭、现实社会中，不能真正得到生涯发展的个体考虑的。

（3）在情境模拟的过程中，咨询员除了要了解咨询对象的家庭、文化背景外，还要求咨询对象进行自我分析，并且在情境模拟中能有所改变。有时咨询员还要与咨询对象的其他有关人员，如家属、教师、老板等沟通，了解他们对咨询对象的期望，以便安排适宜的环境，协助咨询对象的就业心理咨询，共同促进咨询对象的就业发展。

（四）就业咨询的职业家族树技术

家族成员对个人职业选择乃至生涯发展都有深远的影响，职业家族树即以图画的方式，刺激咨询对象评估家族的影响，促进咨询对象的就业认知。职业家族树的操作步骤如下：

（1）于树梢处填上个人爱好的职业（可填数种）。

（2）将家族中各成员的职业分别填入树的枝干上（各枝干代表家族成员，标出称谓）。由于各人职业可能有所变动，所以可同时填上目前的职业与先前从事过的主要职业，并将与咨询对象有密切关系的重要人物圈起来。

（3）将家族人员职业的共同特点填于树根处。

（4）咨询员与咨询对象共同讨论"职业家族树"，可以从一些问题引申：对家族中各人的职业有何感觉（骄傲、尴尬、羡慕等）；如何知道他们希望我选择何种职业；在兴趣、能力、体能、外貌等方面，我与家族中谁最相似，他从事的职业与我的偏好有何关联；我的家庭对工作上最感满意的是什么（如休闲时间、生活条件、家庭氛围等）；家族中哪些工作习惯与特质构成满意（或不满意）的因果关系。

（5）经过上述讨论，咨询员可以进一步引导咨询对象探讨各人各种职业的优点与缺陷（如普通的职业对个人与社会的正面价值，或高层次职业的负面影响等）。

（五）就业咨询的价值澄清技术

一个人的生涯选择中，其价值观是很重要的决定因素。价值澄清法强调的不是价值观本身，而是获得价值观的过程。所以，必须注意价值观的澄清与确定。

1. 价值澄清技术的步骤

价值澄清的方法很多，咨询员应和咨询对象共同讨论并选择一种适当的方法进行。一般而言，价值澄清要经过下述七个步骤：

（1）自由选择。一个人的价值观必须由个人自由选择，经过自由选择而确立的价值观才能真正起到引导个人行为的作用。

（2）从各种不同的途径中选择。具体做法是：辨别与问题有关的价值观；辨别其他可能有关的价值观；整理上述每种价值观及其可能对选择产生的后果。

（3）对各种途径产生的后果三思后做选择。一个人感情冲动时，大脑欠冷静，这样贸然选择的价值观，不能代表他真正的价值观。一个人只有对各种不同途径的后果经过认真考虑和衡量比较后作出的选择，才是有意义的选择，才能具有真正的价值。

（4）重视和珍惜所做出的选择。一般而言，我们对自己认为有价值的东西都会重视和珍惜，会以它为荣。只有为我们所重视和珍惜的价值观，才有可能成为我们真正价值观的一部分。

（5）公开表示自己的选择。如果我们的选择是在自由的环境中经过自己的认真思考做出的，而且我们非常重视和珍惜它，那么当有人问起时，我们会很自然地对外公开宣布。

（6）根据自己的选择采取行动。一个人的价值观能左右他的生活，能对他的日常行为产生举足轻重的影响。如果一个人认为某种东西有价值，他就会非常乐意为之付出自己的时间、精力以至生命，去尝试、去实践。

（7）重复根据自己的选择所采取的行动。如果一个人的某种观念、态度或兴趣已经上升为他的价值观，那么，他就会在各种不同的时间与场合将其逐渐表现在行为上。

2. 价值澄清技术的方法

（1）澄清反应。澄清反应是价值澄清法中最基本、最主要的方法。它是指咨询员根据咨询对象的所作所为、所说所感，运用适时、适地、适人的语言，引发咨询对象的行为动机，刺激咨询对象的思想，使其在不知不觉中进行一番慎思明辨的内省，从而澄清其价值观。

（2）价值表决。价值表决就是事先由咨询员拟定并向咨询对象提出一套关心的问题，让咨询对象表明自己的意见并做出选择。

（3）价值排队。价值排队就是让咨询对象针对三四种事物，按其认为的重要性为它们排名次，并说出这样排序的原因。人们在日常生活中常常遇到这种必须做选择的情境。排队法就是为咨询对象提供这种选择的机会，使咨询对象通过对各种情况的衡量比较，分出优先次序，从而进一步明晰各种事物的价值，并且公开表示自己的选择。

（4）公开提问。公开提问就是由咨询者直接提问，让咨询对象公开回答。

（5）生活馅饼。咨询者画一个大圆圈（馅饼），然后让咨询对象根据他们自己生活中各项内容所占比例的大小将馅饼进行分割。例如，用大圆圈表示一天二十四个小时，让咨询对象说出，如睡眠、玩、作业、看电视、吃饭、做家务、独自活动、与父母聊天或其他活动所占的时间，并按照各项活动所占时间的多少分割圆圈。生活馅饼的主要作用是帮助咨询对象对自己的生活做客观、具体、系统的分析和检查，使他们的生活朝着更为理想的方向发展。

（6）魔术箱法。咨询员可告诉咨询对象，魔术箱是一个可大可小、伸缩自如的箱子，它装着许多人想要的各种各样的东西,包括肉眼看得到和看不到的东西。然后,向他们提出一些问题,诸如:①你想从魔术箱中拿出什么送给妈妈?②你想拿出什么送给爸爸?③你想拿出什么送给要好的朋友?等等。魔术箱的目的在于帮助咨询对象认真回顾和思考他所珍视和痛恨的东西,从而进一步形成正确的价值观。

(7) 展示自我法。展示自我法是提供给咨询对象一个自由发言的机会,让他把和自己有关的事情讲出来给大家听,借此机会公开和珍视自己的价值观。价值澄清的范围可涵盖个人生活、学习、工作各个层面,诸如生活方式的检讨,过去经验的整理,未来发展的方向与目标等,均可运用价值澄清的技术加以探讨,咨询员可视咨询对象的需要,选择适宜的主题进行此类活动。

第三节 大学生职业生涯的规划与发展

就业问题已经成为引发大学生心理困扰的重要因素,要改变这种状况,需要各方面的关注和努力。就大学生而言,尽早制定合理的职业生涯规划,并以此为依据积极地塑造自己和提升自己,是减少就业苦恼和提高求职成功率的重要途径,可以为自己的职业生涯发展奠定良好的基础。

一、大学生的职业生涯规划

职业生涯规划指的是个人根据主观因素和客观因素对自己未来职业发展做出的规划,包括职业发展目标、职业工作计划、职业培训,职业生涯规划是未来职业发展的重要依据和参考。

职业生涯指的是个体开启职业劳动到个体结束职业劳动的全过程。人的一生大部分都是和职业生活相关的,职业生涯是否成功对一个人的人生有着至关重要的影响,在现代发展过程当中职业不仅仅是个体谋生的方式,也是个体实现人生追求的主要途径,可以说,职业生涯规划是职业生涯发展的战略指导,所以必须做好职业生涯规划。

(一)职业生涯规划的意义

职业生涯规划可以有效地指导个人职业未来的发展,为职业发展提供了操作方法,可以说,职业生涯规划是非常重要的。

(1) 根据自身情况找到适合自身发展的职业。每个人都是特殊的,人和人之间存在一定的差异,差异决定了人会选择不同的职业发展方向,个人能力、爱好以及价值观念都会影响到个人的职业发展。职业发展最重要的是要根据自己的能力找到相互匹配的职业，职业生涯规划为每个人认识自我、了解自我、考虑外部因素提供了科学有效的指导方法，能够引导个体找到适合自己发展的领域，实现自我发展价值。

（2）正确认识职业生涯的规律，遵循发展规律。职业生涯发展一般需要经历以下发展期：先是探索期和适应期，然后是发展期和转型期，之后会进入职业突破期与职业反思和重振期，最后会经历职业的倒退期和退出期。只有了解了职业的发展规律，才能针对不同的发展时期做出不同的规划，例如说正确认识发展规律之后才能做到从容不迫地适应、不骄不躁地发展、不消极不气馁地反思以及坦然地退出。

（3）抵御职业生涯风险。职业生涯之旅并不是一帆风顺的，可能会碰到许多的困难和挫折。例如，重大经营管理决策失误；与上级、下级关系紧张；上级不公正的待遇；身体状况不好等。良好的职业生涯规划，有助于更好地应付职业生涯发展过程中出现的各种情况。

（二）职业生涯规划的原则

合理的职业生涯规划能使一个人走上成功之路。为了正确制订职业生涯规划，必须遵循的原则包括以下方面：

（1）长期性原则。职业生涯规划决定了个人未来的努力方向，对未来的就业有重要影响，因此必须从长远考虑，为自身指定长远规划，并为之付出不懈努力。

（2）明确性原则。在制订职业生涯规划时，内容必须清楚明确、易于理解，对各阶段的规划和预期目标必须表达得具体准确，便于采取实际行动，不断提高个人能力。

（3）现实性原则。在制订职业生涯规划时，必须要以社会现实为依据，要根据自身的特点、行业需求和社会需要来制订发展规划。

（4）挑战性原则。在制订职业生涯规划时，要在可实现的目标上增加挑战性目标，激发个人突破自我，最大限度提高个人能力。

（5）时间性原则。职业生涯规划是对未来的工作内容、发展方向、实现目标的规划，是需要长时间进行的规划，因此要把践行工作内容的时间标注明确，确保在计划时间内可以完成。

（6）适应性原则。职业生涯规划是未来长时间的规划，在规划实行期间许多相关因素会随着社会发展发生变化，因此规划要具有适应性，确保可适应规划期间发生的变化。

（7）一致性原则。职业生涯规划关乎未来的职业发展以及人生，因此要与个人未来发展规划保持一致，在实现职业生涯规划时，还可以同时实现个人发展规划。

（三）职业生涯规划的分类

职业生涯规划有四种类型：首先，人生规划，顾名思义指的是对整个人生职业生涯的总体规划，时间跨度为四十年左右；其次，长期规划，长期规划指的是个人对未来发展五年到十年之内进行的规划，规划的是相对长远的发展目标；再次，中期规划，中期规划指的是个人对未来发展两年到五年之内进行的规划；最后，短期规划，短期规划指的是个人对未来发展两年之内进行的规划目标，是近期的发展目标，例如说近期需要掌握的业务知识、业务技能等。

（四）职业生涯规划的内容

制定职业生涯规划时首先要充分考虑个人的特性和组织发展的需要，对影响职业生涯的各种主、客观因素进行分析和评估，然后确定职业生涯发展目标，选择实现这一目标的职业，并制订相应的工作、学习和培训计划。制订职业生涯规划的步骤包括：自我评估，外部环境分析，目标确立，实施策略，反馈评估等。

在职业生涯规划中，要明确职业方向、组织及社会环境、发展目标、成功的标准、自身条件及潜力、缩小差距的具体方法等问题。较完整的职业生涯规划一般包括以下内容：

（1）职业生涯规划题目。题目必须要反映出个人职业生涯的主要特征和时间维度，规划当中，要包含个体个人信息、规划的生涯起止日期，题目必须反映出职业生涯规划的主体，还要体现出职业生涯规划是阶段性还是终生性。

（2）职业生涯规划的方向。职业生涯规划方向指的是选择的具体工作职业，例如说，教师、歌唱家、演员、政治家、医生等，职业生涯的具体方向代表的是个体的职业动机。

（3）社会环境分析。社会环境分析是分析所处环境的经济、政治等方面，从而了解目标职业在社会中的发展情况，以及目标职业在社会中的未来发展趋势。

（4）组织分析。在设立目标组织时，要分析组织，如果目标组织是企业，那就要对企业进行分析，具体包括：企业的发展现状、未来的发展目标及规划，企业产品在市场的行情，企业文化以及管理制度，企业领导层的管理能力，企业内部员工的能力提升和发展空间，担任更高职务或职务内涵变化的可能性；相关职务的待遇。如果打算在政府部门、事业单位或其他组织就业，也要进行类似的分析。

（5）重要角色及其建议。职业生涯规划中应记录家庭主要成员、直接上级、更高层次领导、职业生涯管理专家等重要角色的建议、要求、联系方式。

（6）职业生涯规划的目标以及实现时间。目标可以包含很多不冲突的目标，例如说设立时间目标、设立经济目标、设立职务发展目标等，不同维度的目标之间并不冲突。

(7) 成功标准。成功标准因人而异，这是因为每个人对职业生涯的价值追求是不同的，有的人认为职业应该追求的是事业上的成功；有的人认为职业应该追求实现个人以及家庭的保障，换言之，如果通过工作能够保证个人以及家庭的基本生活那么就是职业的成功；还有的人认为职业上的成功应该是个人、家庭以及职业的协调，只有做到三点的共同发展才能是职业的成功。每个人对职业的价值观念都是不同的，而且价值观念也在随时变化，只要追求价值观念的真实即可。

(8) 自身条件及潜力测评结果。制订职业生涯规划时要对自己的体力、能力、人格进行评价，将自身条件、发展潜力、发展方向、环境给予的机遇和制约条件结合起来进行分析，最终知道自己的能力和方向所在。在这个过程中，可以通过自我反思、心理测评、专家咨询等方法明确自己已经具备的条件，发现自身的潜力。

(9) 差距。分析目前条件与实现目标所需知识、能力要求等方面的差距，如在思想观念、专业知识水平、具体操作能力、心理承受能力、讲演能力、身体适应能力等方面的具体差距，如缺乏全局观念和系统观念、英语口语水平欠佳、主动意识较差、人际交往能力较差、不知道如何倾听等。

(10) 缩小个体和职业目标之间差距的方法。可以根据具体的差距内容选择制订具体有针对性的缩小差距的方案。例如，选择教育培训，明确具体的培训内容、培训日期、培训方式；还可以选择交流合作，明确具体的交流对象、交流实践、交流方式、交流内容。

二、大学生的职业生涯发展

（一）大学生职业生涯的自我评估

对自我展开评估是为了更好地了解自己、认识自己，只有真实的了解自我才能做出正确的职业规划，才能为自己找到适合的职业发展道路。

1. 自我评估内容

自我评估包含非常多的内容，例如说自我性格评估、自我兴趣评估、自我技能评估、自我道德水准评估等。对于大学生来讲，自我评估的开展涉及以下方面：

（1）体力评估。顾名思义就是对自身身体的素质展开的评估，大学生需要根据自身体力情况选择适合自己的职业体力评估，主要包括力气方面、动作的敏捷与身体的平衡性方面、身体下肢以及身体腰背的协调性方面、手臂的灵活与协调性方面、身体语言以及视听方面、身体的整体的协调性方面。每一个职业对体力都有不同的要求，例如，需要付出力气的工作会要求应聘者身强体壮；体育方面的职业会要求人具有良好的协调性、敏捷性；艺术方面的职业会要求视听器官具备良好的灵敏性；还有的职业会对应聘者提出特殊的体力要求。所以大学生在进行职业选择时，必须要结合体力情况具体分析。

（2）能力评估。能力直接决定了人们是否能够完成活动、完成任务以及活动完成的效率。能力主要有两种：首先，一般能力，也就是基础能力，例如说注意力、记忆力、观察力、行动力等，这种能力的特点是通过认知即可获得，因此，一般也被叫作智力；其次，特殊能力，特殊能力指的是完成特殊活动所需要的能力，这种能力和职业要求相关。个人能力既涉及一般能力也涉及特殊能力，因为人们所进行的职业活动都是具有职业特性的，所以对于个人能力来说，特殊能力是最为重要的，具备了特殊能力才能更好地开展职业活动。

（3）人格评估。具体而言，人格主要包括个人兴趣、个人动机、个人价值观念、个人性格等，人格会对人的行为产生巨大的影响，也必然会影响到人的职业行为。所以，为了更好地选择匹配的职业，应该对自己的人格进行充分的了解，只有这样才能更好地匹配职业，才能实现人职匹配。

2. 自我评估方式

认识自我需要个体对自我做出客观的评价，换言之既不要过分高估自己，也不要过分看低自己，要正确看待自己的优点，正确认识自己的能力，如果要做到客观地评价自我，一般可以通过以下方式进行：

（1）心理测验。心理测验是一种通过短时间的测验可总结出个人的特点的测评手段，是将个人与群体进行比较得出的结果，结果较为客观准确。通过心理测验，个人可在短时间内更加了解自我，发掘个人特点特长，通过客观的自我评价能够让个体进行更加精准的职业规划，但是，与此同时也要注意，心理测验的结果只能够提供参考性的建议，并不代表绝对的事实。

能力倾向测验验证的是个人和未来工作之间的匹配程度以及在未来工作中工作成功的概率，比较出名的能力测验有一般能力倾向成套测验以及区分能力倾向测验。除此之外，还有兴趣测验，顾名思义主要是测验个人的兴趣类型的，并将测验结果与各种职业从业人员的兴趣进行比较，指出一个人的兴趣与哪一种职业从业人员的兴趣最相近。

（2）根据以往的经历，总结经验，对自身进行评估，客观评价自身的特点、性格等。在对自身进行客观评估时，要合理利用以往经验，从以往的经历中寻求答案，例如，可以根据自己过往工作经历发掘自己喜欢的工作，审思自己喜欢这些工作的原因，现在是不是仍然喜欢这些工作，也可以问问自己是喜欢处理人际关系还是喜欢处理具体问题，怎样能激发自己的活力等。另外，要对过去成功的经验和失败的教训进行总结，分析自己成功或者失败的原因。要注意的是，要尽量以客观评价为依据，避免因为个人认识或个人动机而出现较大的误差。

（3）其他人对自我的评价或者是自我和他人之间比较。首先，根据其他人的评价进行自我评估往往是要将他人的评价作为自我评价的参考，和他人的交往过程中他人给出的评价能够帮助个体加深对自我的认知；其次，通过与自己条件相似的人进行比较来评价自己。要注意的是，要能够准确理解和分析他人对自己的态度和评价。

（4）向专业的专家咨询。学校设有就业指导中心，为学生提供了就业专家咨询服务，这种方式能够帮助学生快速地获得就业知识、就业信息，而且专家能够帮助学生正确认识问题、重新认识问题。除此之外，还可以帮助学生提高职业决策能力。

（二）大学生职业生涯的目标确立

对于个人而言，职业生涯的成功有自己的标准，而且在不同的人生阶段，对于个人而言，成功的含义也可能是变化的。成功这个概念包含了成功的含义、成功时发生的事件、成功时获得的物质、成功的发生时间、成功对健康的影响、对家庭的影响、成功时所获得的社会地位、成功时得到的别人的认可等。这些是具体的，但是可能对某些人来说，成功并不是能具体描述的，它可能是心情上的愉悦感、有可能是工作氛围的和谐、有可能是完成工作的满足感。拥有不同的价值与观念的人对成功的定义是不同的，个体需要根据自己的情况制订成功标准。

1. 职业生涯目标的分解与组合

（1）目标的分解。实现目标是一个需要长期艰苦奋斗的过程，将大目标分解为几个小目标更有利于大目标的实现，使实现方式及内容更加清晰，通过实现无数个小目标共同促成大目标的实现。分解目标分为两种方式：一种是按性质分解出外职业生涯和内职业生涯；另一种是按时间分解出短期目标、中期目标、长期目标和最终目标。

第一，按性质分解，可将职业生涯分为外职业生涯和内职业生涯，外职业生涯是职业的外在条件，包括职业的环境、薪资待遇、工作内容等，内职业生涯是职业所需的内在条件，包括个人的知识储备、专业水平、心理承受能力等。

外职业生涯主要由职业提供者决定，而内职业生涯所需的条件则需要个人去创造，外职业生涯随时会改变，内职业生涯则不会轻易发生改变。内职业生涯的发展推动外职业生涯发展，实现内职业生涯才能帮助外职业生涯取得成功。只有当个人的内职业生涯，也就是工作所需具备的素养都齐全了，才能找到满意职业，即外职业生涯。

外职业生涯目标的特点是能够进行具体的描述。例如，工作地点、工作内容、工作职务、职务发展目标、经济发展目标，其中最重要的是经济发展目标以及职务发展目标。内职业生涯目标涉及工作能力方面、工作成果方面、心理素质方面以及价值观念方面的目标。

工作能力指的是处理工作问题、完成工作任务的能力,设定工作能力目标能够让人切实地感受到自己对职业生涯的发展规划;工作成果目标包含很多内容,例如说发明新的管理形式、提出新的管理意见、创造新的工作业绩等。这里需要注意的是工作成果目标当中的内容不仅包含外职业生涯目标还包含内职业生涯目标,虽然工作成果目标表面上是外职业生涯目标的一种,但是工作目标涉及的具体内容又符合内职业生涯目标的标准,例如说工作知识的获得、工作经验的积累等。

心理素质在实现个人职业生涯过程中起着至关重要的作用,能实现职业生涯规划目标的人,往往是心理素质十分强大的人,这种人在遇到困难的时候总会努力克服,同时在克服困难的过程中不断反思自身存在的问题,积极寻求解决问题的方法,在过程中不断提升自我。缺乏这种心理素质的人,往往在遇到困难时不去寻找问题所在,或是在发现问题后才找到解决方法。

观念目标是一个人对职业生涯规划所持有的态度和观点,观念的不断革新是职业生涯规划不断发展的重要条件,职业生涯的发展是由观念目标的革新开始的。

第二,按时间分解可将职业生涯分为短期目标、中期目标、长期目标和最终目标。这些目标是根据实现时间划分的,通常一到两年内可实现短期目标,几年内可实现中期目标,实现长期目标需要十几年,而实现最终目标则需几十年。短期目标时限最短,因此应标明实现方式和计划时间。

短期目标具备以下特点:短期目标不一定是由个人制订的,也可以是由上级指定给个人的;短期目标不一定要根据个人的观念来制订,但要在个人可接受的范围内;短期目标需要明确实现的方式和计划实现时间,便于实际操作,并要确保最终实现短期目标;短期目标要具有极强的适应性,能适应实现过程中发生的变化。

中期目标的特征是:建立在个体自身意愿以及组织的要求之上,目标与个体的价值观念基本吻合,个体也有实现目标的信心,而且能够用语言文字对目标进行具体的定量说明,目标实现时间也比较明确,可以根据具体的工作进行合理的调整。

长期目标的特征是:个体经过分析之后认真确定的、适合职业生涯发展需要的、是有可能实现的;与此同时,目标还要具有挑战性;除此之外,目标应该符合个体的发展价值观念,个体对于目标的实现充满斗志,也会为目标的实现而感到骄傲;长期目标只能用语言或者文字进行定性说明。

(2)目标的组合。对目标进行组合,可以利用目标之间的关系,更有利于实现最终目标。各目标之间并不是相互排斥的关系,也存在着因果关系和互补关系,根据这些关系即可进行合理组合,具体有以下三种组合方式:

第一,根据时间进行组合,有并进和连续两种方式。

并进是在实现一个目标的过程中同时去实现另一个目标的过程。这种情况分为两种：一种是同时进行工作内容的两个目标，例如，某些企业的行政总监会同时进行人力资源和行政管理的工作；另一种是在做好本职工作之外努力实现其他目标，例如，在做好本职工作之外培养某一技能，这种情况比较复杂，需要个人具有极强的时间管理能力，当目标同时实现时对个人能力会有极大的提升作用。

连续是连接两个目标，在实现一个目标后可以尽快投入到另一个目标中。短期目标其实是最终目标的一部分，实现短期目标后，中期目标就成为下一个目标，以此类推，一步步实现各个阶段的目标，从而实现最终目标。

第二，根据功能进行组合，各个目标之间的因果关系和互补关系是根据功能划分的。因果关系是指一个目标的实现有助于另一目标的实现，例如，提升个人工作能力有利于实现升职的目标。互补关系是指两个目标的实现都对对方有辅助的作用，例如，一位从事管理工作的人获得工商管理硕士证书，这两个目标互相辅助，管理工作有利于获取证书，而获取证书的学习过程又为管理工作提供了理论知识。

第三，根据个人、家庭与职业生涯的关系进行全方位组合。职业生涯与个人生活息息相关，在进行职业生涯规划时，必须结合个人对未来生活、家庭等方面进行规划，并协调好各方面之间的关系，全方位组合利于制订出更加合理的职业生涯规划。

2. 职业生涯目标的确立原则

职业生涯目标的确立需要遵循多项原则：一是目标明确性，职业生涯目标的确立需要明确具体的阶段要完成的具体任务；二是目标可衡量性，指的是职业生涯目标的确立应该是可衡量的，换言之，要有具体的数量、具体的时间、具体的数据；三是目标相关性，指的是目标的确立要和职业发展相关；四是目标时限性，指的是职业生涯目标需要在一定的时间之内完成；五是目标集中性，指的是目标应该集中，不可以太过松散，如果目标太多就相当于没有目标，没有了发展的重点；六是目标可实现性，可实现性指的是目标不可以过高，应该在个人能力范围之内，经过个人的努力可以实现。

职业生涯目标的确立需要注意以下方面的内容：一是目标要满足社会发展需求和组织发展需要；二是目标要建立在个体擅长的方面；三是目标必须要和自身现在有一定的距离，但是又不可以好高骛远、脱离实际；四是目标跨度不宜过大，应该选择相对固定的方向，深入研究；五是短期目标和长期目标之间应该有一定的关联性，长期目标是短期目标发展方向的指引，短期目标是长期目标能够最终实现的基本保证，二者的关联能够促进最终职业生涯目标的实现；六是目标不可以空泛，要具体、要精准，避免目标过多、过杂，精准的目标才更容易实现，更容易促进个人发展；七是职业目标应该和家庭、个人以及身体健康之间相协调，身体和家庭是事业成功的基础与前提。

3. 职业生涯目标的规划实施

在规划和实施职业生涯目标时，主要遵照以下三个步骤：

（1）明确目标。明确目标之后，设计目标实现的具体步骤。

（2）如果有多种职业目标规划的方案，那么可以通过比较选择最合适的方案，然后按照计划具体实施，并且检查结果，如果结果和理想之间有偏差，那么应该进行方案的调整。

（3）如果依然存在问题，那么需要重新考虑目标的设定。在这里需要注意组织会对个人的职业生涯发展造成一定的约束，组织虽然不会阻止员工进行自我发展，但是也并不会为员工的发展主动、积极地创造条件。

4. 职业生涯目标的路线选择

在确定职业生涯规划目标后，就要设计目标的实现方向和路线，方向的选择取决于目标，又是目标实现的关键，不同目标决定不同方向，不同方向对个人又提出不同要求，因此在选择路线时必须慎重，要以职业生涯规划的目标为依据。

选择职业生涯规划目标路线也影响着未来人生的发展方向，要想选择正确的路线，必须经过慎重的思考，才能最终寻找到最适合自己的成功之路。在选择路线时，要考虑三个方面的因素：首先，要考虑适合自身观念，包括价值观、喜好等的方向；其次，要考虑适合自身条件的，例如适合自身性格、知识水平、能力范围等；最后，要从社会环境考虑，综合考虑政治、经济各个因素，寻找有发展前途的方向。

选择职业生涯规划路线后，就要画出路线图。路线图包括行政管理路线和专业技术路线，以大学毕业的时间为起点，行政在左、技术在右，画出 V 字形的线状图，在路线上标注不同年龄要实现的目标以及实现方式。路线图不一定要完全笔直，在实现目标途中可能会因为其他因素使路线改变，导致路线出现曲折甚至交叉，这些都可以在路线图上呈现出来。

（三）大学生职业生涯的能力培养

1. 大学生的职业素质与能力

企业的竞争归根结底是人才的竞争，人才竞争力是构成企业核心竞争力的最核心部分，因而人力资源成为企业最宝贵的资源。对于大学毕业生，社会需要的不仅是专业特长突出、操作技能出色的人才，同时也必须是全面素质较高的学生。用人单位比较注重的实习生的素质和能力包括敬业精神，协作精神，创新能力，专业技术能力，解决问题能力，善于学习的能力，沟通协调合作能力等。

除了具备过硬的素质和能力之外，求职单位还要求求职者拥有健康的身心、良好的思想道德，特别是职业道德，如强烈的事业心和责任感、踏实肯干和吃苦耐劳的创业精神等。因此，大学生需要着重培养以下能力和素质：

（1）工作态度积极。一个人的工作态度是决定其能否胜任今后工作的主要因素。因此，企业很注重大学毕业生是否具有爱岗、敬业、务实等积极的工作态度，具体表现为：在工作中认真、细致、负责、勤奋努力、虚心好学，积极主动地去面对工作中的挑战、对工作有激情、肯吃苦、愿意从基层踏实做起等。大学生要清楚地意识到工作态度对企业和自身发展的影响。一个人做事的态度，决定了他日后成就的高度。

（2）知识基础扎实。在现代生产中，企业对复合型技术人员的需求增加，要求既熟练掌握或精通专业技能、有扎实的专业知识基础，同时也具备相关专业或其他专业方面的知识。因为这样的大学毕业生能很快地适应环境，发挥作用。同时，专业之间的结合往往就是创新的源泉，就是企业的竞争力。因此，大学生不仅要把自己的专业读精读深，而且要跨领域、跨专业学习，考虑本专业和其他专业结合的机会。对自己专业不喜欢的同学也要思考，不能改变的专业和喜欢的专业有没有结合的机会，这样不仅可以增加学习的兴趣，还可能是一个非常好的契机。只有善于学习、不断学习，才能紧跟社会时代的脚步，才能适应企业不断发展的要求。

（3）学习能力强。无论大学生在学校的知识基础有多扎实，到新的工作岗位上几乎都要接受培训，接触新的知识和技巧，这是大学生快速成长和适应工作的最佳途径。只有具备较强的学习能力，才能在工作中触类旁通，遇到问题能及时看到症结所在，并能及时调动自己的知识和能力，制订出可操作的方案。因此，在大学期间养成良好的学习习惯，培养较强的学习能力，不仅是大学生在学校教育阶段顺利完成学业的必要条件，也是大学生步入职场后能够快速适应工作环境和获得职业发展的主要条件。

（4）责任心强。所谓责任心，就是指个人对自己、对他人、对家庭、对集体、对社会、对国家所负责任的认识、情感和信念，以及与之相应的遵守规范、承担责任和履行义务的自觉态度。而责任心强是企业和社会对大学毕业生最基本的素质要求。例如，在工作中处理一件具体事情上，责任心强可以体现在三个阶段：一是做事情之前要想到后果；二是做事情的过程中尽量控制事情向好的方向发展，防止坏的结果出现；三是事情做完后出了问题时敢于承担责任，勇于担当。

责任心强是影响一个人在职业生涯发展中能走多远的重要因素之一。大多数企业在提拔员工的时候，往往选择的也是那些有所担当，勇于承担责任与压力的员工，因为这是一个成功领导者应该具备的品质，要具备这种品质需要大学生从个人的习惯和修养开始培养。

（5）团队合作能力良好。企业的发展需要依赖于团队的发展，也需要团队成员给予支持和帮助，成员之间的凝聚力在一定程度上决定了企业发展的成败，所以企业在招聘人才时也会非常注重人才的合作能力，大学生必须要注重个人合作精神的培养，只有这样才能更快地实现个人发展目标。毕业生在校园时代可利用很多合作和实践的机会，培养团队意识和积累合作经验，必定受益匪浅。

（6）人际沟通能力强。现代社会，沟通无处不在。企业需要的是能够运用自己良好的沟通能力与企业内外有关人员接触的大学生，能够合作无间、同心同德、完成组织使命和目的的大学生。大学生进入公司，没有良好的沟通能力，就难以很好地与他人合作共事，影响工作开展。良好的沟通能力也是大学生在面试时展现优势的助力。

（7）创新意识与能力强。企业对人才发展的要求在不断变化，如今企业发展注重人才的创新能力，只有善于观察和思考、能够不断向前发展、向前探索的年轻人才是企业需要和看重的，因为这样的年轻人有积极进取的动力，有更高的发展目标，能为企业创造更大的价值，为企业发展带来更多的生机。

（8）心理素质良好。在竞争激烈的环境中能否承受较大的工作压力，能否在工作中经受批评、打击是大学生能否在企业立足和发展的重要因素之一。心理素质水平的高低对大学生有非常重要的影响，心理素质水平高的大学生在面对困难时，才能不断地调整自己的心态，才能积极进取。无论是企业还是社会需要的都是踏实、上进、有干劲的年轻人。毕业步入职场之后必然会碰到困难和挑战，所以，大学生应该做好步入社会的心理准备，锻炼自己吃苦耐劳的精神，遇事不退缩，勇往直前，能够化压力为动力，只有这样才能在未来的社会当中博得一番天地。

总而言之，大学生要尽早有职业生涯规划意识，培养职业素质和能力，关注自我职业发展路径和实现路径，并争取机会着手培养自我。

2. 大学生就业能力培养策略

大学生的综合就业能力包括职业素质和职业能力。良好的职业素质和职业能力是决定职场成败的重要因素。大学生可以有意识地通过多种途径、方法来培养和提升自我职业素质和职业能力。

（1）在生活中培养。一个人的习惯、个性并非朝夕形成的，而是长期行为的结果。个性习惯就是个人素质的真实写照。所以，大学生培养自己的职业素质必须从日常的生活细节及点滴做起。在生活中注意培养良好的行为，进而形成良好的习惯，最终成为自身良好的个性，自然而然就能表现出良好的素质。

（2）在课堂内积淀。扎实的专业理论知识是发展专业技能的基础。大学生可以多向老师、学长、前辈们请教，充分利用图书馆等校园资源，夯实专业知识，扩充专业知识面，丰富知识储备；学会自主学习，学习和掌握科学的学习方法和思维方式，培养系统观察、分析、质疑、反思的能力和习惯。

同时，大学生应该注意专业互补课程的学习。毕业生如果拥有较高的人文素养也会为职业生涯增色很多，更容易在竞争中脱颖而出。所以，尤其理工科大学生，更要注重人文课程的学习，提高自己的人文素质；而文科大学生要注重理科知识的学习，培养自己的理科思维。

（3）在课堂外拓展。课外拓展是提高自身综合能力的良好途径。大学校园内经常会举办各种学术讲座、文化讲座、专题讲座，常会邀请海内外知名人士、某领域专家学者、社会各界精英到校与同学们分享他们在各自领域的体验和人生感悟。大学生应抓住机会积极参加，虚心聆听优秀人物的观点、见解、创业史和人生经验等，了解学校以外的多彩世界，不仅可以拓宽视野，增长见识，还可以优化思维模式。同时，竞赛可以激发创新思维，是提高创新能力和解决具体实际问题等综合能力的有效途径。有条件的大学生可以争取机会多参与一些竞赛项目，不仅有利于融会贯通所学知识，提高发现问题、解决问题的能力，拓展创新能力和实践技能；同时也是考验和锻炼学生直面困难与遭遇挫折的勇气、探索问题的毅力和团队协作能力的好机会。

（4）在社团中锻炼。大学是一个小社会，各种不同的学生社团就如同一个小企业。大学生可根据自己的兴趣和需要，有选择地参加几个学生社团。在参与组织的活动中，体验到组织是如何运作的，同时还能锻炼自己的各种能力，如人际交往能力、沟通能力、团队协作能力、组织能力、领导和决策能力等。

（5）在实践中成长。实践出真知，实践长才干。实训、实习、兼职、勤工助学等实践活动是培养职业能力的有效途径。实训、实习过程，是运用理论、将理论和实践相结合的好机会，在实践中能更好地培养和提高动手操作能力。

实习过程提供了真实的企业环境，让学生在一个真实的职业环境下，真正领会到未来工作岗位对专业技能的要求，得到了实际的训练，有助于综合素质和能力的培养提高，是积累工作经验，提升职业能力的好办法。兼职、勤工助学不但可以减轻经济负担，还可以了解社会。在社会实践中增强独立自主的能力，培养吃苦耐劳、克服困难的精神，以及服务他人的意识和责任感，是学生融入社会，获得较快成长的途径。

（6）在培训中强化。通过参加校内外的职业培训，强化专业知识，学习并掌握职业岗位所需的职业技能，获得相关职业资格证书，有助于拓宽就业范围，为职业生涯增添筹码。

对于大学生而言，具备良好的综合能力，就具备了入职的敲门砖。大学生的就业能力和职业发展，关键是在学习与实践中不断地完善自我，提升自我综合能力。

第四节　大学生生涯辅导及其课程设计教法

一、大学生生涯辅导及其课程的内容设计

生涯辅导是一项长期的、综合的辅导工作，学生年龄段不同，其对生涯辅导的需求也不尽相同。根据学生各个阶段的特点和发展内容，我们可以安排相应的生涯辅导内容和辅导方式。

第一，认识生涯。通过案例分析、视频观看等方式帮助学生了解生涯和职业、专业的关系，了解生涯的基本概念，形成对生涯的基本认识。

第二，自我探索。通过榜样人物学习、心理测试等方式帮助学生了解自己的职业兴趣、职业性格、职业价值观、职业基本成熟度等，对自己形成全面、客观的认识，认识到自己的能力在生涯发展中的重要作用，了解自己的优势和盲点。

第三，职业认识。通过实习实践、参观学习、职业调研等方式体验各种职业角色，帮助学生形成对工作世界的感性认识，了解职业、工作、事业的关系，以及认识职业世界的基本途径和内容，并结合自身的能力现状，找到自我调整的目标。

第四，认识专业和大学。通过实地考察、人物访谈等方式帮助学生了解专业与职业的关系，了解大学与专业的关系，了解大学、专业与自己的关系。

第五，生涯决策。通过生涯平衡单、战略分析方法（SWOT 分析）、调查研究等方法帮助学生在面对选科、选考、志愿填报、专业选择等人生重大选择时做出相对理性的决策。

第六，生涯管理。通过学业管理、时间管理、人际管理、压力管理等内容帮助学生学习全方位地管理自己的生涯。

二、大学生生涯辅导及其课程的教学方法

第一，生涯辅导是一项持续性的工作，避免辅导过于"功利"。从表面上看，生涯辅导有一项潜在的任务，那就是确定职业发展或专业发展的目标。很多教育工作者认为当学生有了目标后，就能够不断挖掘自身资源，提升学习动机。此外，目标的确定本身就是一个长期积累、不断探索的过程，难以一蹴而就，学生从小慢慢积累点滴的经验后，才能慢慢清晰最终发展的方向。与此同时，在辅导的过程中，我们仍需要考虑学生的个体内部发展性差异以及个体间的差异。所以既需要引导学生坚持不懈地追求目标，也需要培养学生发展性地看待自身的目标，使生命更富弹性。

第二，生涯辅导是一项与时俱进的工作，避免辅导过于"守旧"。生涯辅导着眼于学生的未来，与时代的发展、社会环境的变迁紧密相连。信息技术的发展、人工智能的研发、生物科技的进步正在挑战传统的专业和行业，如果我们的生涯辅导仍"站在原地"，就会过于狭隘了。因此生涯辅导一方面需要辅导老师以学生为主体，在让学生充分了解自己的基础上，发掘人生发展的各种可能性；另一方面辅导老师也需要不断了解新事物、新现象，为学生提供更多有价值的新信息和新材料，以及了解新信息与新材料的途径。

第三，生涯辅导是一项助人自助的工作，避免辅导过于"包办"。生涯规划是生涯辅导中的重要内容，是学生在对自己当前的认识和评价的基础上对未来生活的畅想和安排。所以生涯辅导需要帮助学生更好地对未来做出自己的安排，这种帮助可以是引导学生进行自我认识、提供各类生涯资讯、传授各项生涯技能等，但并不包括直接决定或干预学生的生涯规划。人生的成长发展受到自身、家庭、社会等多方面的影响，找到最符合自己的生涯路径，学生自己才是最有发言权的。生涯辅导能够帮助学生主动探索，从迷茫中走出来，逐渐找到人生发展的方向，并为之努力达到目的。

第五节 互联网+时代大学生就业指导教学模式实践

随着信息技术的快速发展，互联网在人们生产生活中得到快速普及，互联网+时代已经来临，互联网和生产进行结合已经成为当前产业结构转型过程中的关键内容。对于互联网+而言，其主要是指互联网与传统产业进行结合之后所产生的结果，是一种相对新型的产业链，通过这一方式使得生产、采购以及销售能够真正实现一体化。互联网+模式的特性价值就是因为其能够使得所有行业都相互融合，所有的行业都能够做到相互交织，能够将以往传统落后的发展模式打破，使得语言、文化以及地域上的阻力得到缓解，通过运用云计算、大数据等多种途径释放出更多有价值的信息，避免出现信息不对称的状况。这一模式对创新十分注重，需要通过注入更多的新元素来求得发展，另外，还应当注重以人为本，同时还应当积极构建和完善互联网用户之间的沟通与反馈的渠道和机制，可以将其看成是当前进一步推动我国产业转型升级的有效推动力。

大学生就业与互联网+之间存在紧密的相互联系，互联网+是对多方资源的有效整合，能够使得学生在就业之际更好地了解多方面的就业信息，从而为大学生的就业以及创业节省出大量的资金和时间，既使得大学生的就业和创业更加有保障，也为人才流向的整合以及规划提供了坚实的保障。另外，对于大学生而言，其对包括互联网在内的新技术往往有较强的好奇心，是推动互联网技术发展以及更新升级的生力军。基于此，互联网+与当代大学生之间存在紧密的联系，在互联网+的影响下，大学生就业指导教学工作也必须进行创新，大学生就业能力的提升也会进一步提升互联网技术的发展以及繁荣。

一、互联网+时代对大学生就业指导工作的影响

第一，使得就业信息获取更为便捷。在互联网+时代，所有的社会元素都能够紧密融合，人们的生产与生活出现了较大变化，尤其是大学生自身的日常生活更是受到很大的改变，教师的学生就业指导工作也受到了影响，观看视频教程、发送求职邮件以及微信公众平台就业信息的更新等已经浸入大学生的生活。当前高校在进行就业指导的时候可以通过微博、微信、邮箱以及腾讯QQ等多种新媒体途径来推送相应的就业信息以及在就业之际的面试技巧，学生能够依据自身的实际需求对这些信息进行及时的搜索，这些都是以往传统就业指导方式所不具有的。

第二，就业指导思维与理念得到更新。互联网+时代的一大特质就是将互联网技术和生产生活进行融合，使得传统工作模式被打破，从而就会使得高校学生就业指导工作有了新的思路。当前的高校大学生具有张扬的个性，自身的生活与互联网时代紧密相连，自身的思考以及思维方式也出现了变化。所以说，教师在互联网+时代进行大学生就业指导工作能够使得学生更容易接受，尤其是在这一背景下网络讲座、网络云课堂、网络面试等方式的出现要求高校就业指导工作必须要更新理念与思维方式，注重学生的主体性和学生的意见。

第三，资源共享以及资源整合得到有效实现。在互联网+时代，高校的就业指导工作能够将多种资源进行连接，自己构建相应的平台，从而使得资源得到有效的共享，通过借助互联网的力量，使得数据库平台得到建立和完善，将高校内部以及外部的资源进行充分的利用，在就业指导工作开展的时候能够更加及时接收相应的就业信息，从而更好与外界进行接触，使得自身的实践能力得到提升。通过互联网平台可以将校友资源进行有效的整合，使得高校所有校友都能够参与到高校学生就业指导工作中来。

第四，就业指导工作更加关注反馈。在互联网+时代的影响下，高校学生就业指导工作变得更为开放，能够指导更多的学生，为学生提供更好更优质的服务。另外，还可以在新媒体客户端开发信息反馈功能，对学生的意见和建议进行及时收集，从而可以使得高校学生就业指导工作得到及时的优化和完善，为学生提供更加有针对性的服务，使得学生更好地参与以及配合高校学生就业指导工作。

二、互联网+背景下大学生就业指导的创新模式

（一）借助互联网打造"云课堂"指导学生就业

"对于以往传统的就业指导课程来说，主要是通过课堂教学的方式进行，这样的方式往往耗时相对较长，由于当前大学生自身的自主性相对较强，个性也比较张扬，自身的注

意力较短，很难在课堂中进行集中精力的学习。"① 所以，在互联网+时代要积极开发"云课堂"，运用互联网技术将课程视频传到网络中，由大学生自主选择时间开展学习，同时还可以依据自身的兴趣点来选择学习的内容。

但是需要注意的是，上传的视频应当依据人才培养计划、市场需求以及教学大纲等分为必修课以及选修课，时间长度应当在 30 分钟之内，从而能够有效确保学生的注意力。另外，教师还应当对学生的学习状况进行及时的监督和指导，从而使得高校教师的学生就业指导工作取得事半功倍的成效。

（二）构建并完善互联网+就业指导平台

在互联网+时代，高校针对学生的就业工作，应当打造多元化以及全方位、具有特色和个性的就业指导平台，一方面，要在这样的平台上积极发布多种多样的招聘信息以及相关的宣讲会的信息，使得学生能够更好地进行筛选，为学生提供更多就业信息和岗位；另一方面，要积极设置相关的通知与公告类的栏目，向高校学生公布就业通知以及信息，使得所有学生都能够接收到这样的就业信息和通知；此外，还应当在平台上构建相关的问题释疑栏目，针对高校学生在就业方面的问题进行积极的解答，同时也会使得高校教师自身的就业指导工作更加有效率。

此外，高校还应当由相关人员对平台信息的阅读量等进行分析以及及时关注，为未来的就业指导工作提供借鉴，开通反馈渠道，对学生给予的反馈信息进行及时收集和分析，从而对平台进行及时的优化和完善，使得平台自身的使用效率得到进一步的提升，确保学生能够享受到具有针对性以及个性化的服务。

综上所述，互联网+时代的到来给人们的生产和生活带来了极大的便利和改变，这对于日益严峻的高校就业形势而言，就需要高校教育工作者在开展学生就业指导工作之际，考虑互联网+时代的特质，高校大学生就业指导工作改变思路和理念，与互联网+相结合，对高校学生就业指导工作与这一时代的关系进行仔细分析，只有这样才能够更好探究出真正适合当前我国高校学生就业指导工作的策略途径，才会使得我国高校大学生就业指导工作取得事半功倍的成效。

---

①张宏源. 浅析"互联网+"背景下大学生就业指导工作创新对策 [J]. 佳木斯职业学院学报，2017（11）：221.

参考文献

[1] 毕红艳，赵倩. 积极心理健康教育［M］. 郑州：河南科学技术出版社，2017.

[2] 陈海燕，江涛. "互联网+教育"下的大学生人际交往能力分析［J］. 科技视界，2020（33）：42.

[3] 邓春婷. "互联网+"下思维可视化与行动学习相融合的大学生心理健康课程探索［J］. 中国成人教育，2020（3）：66—68.

[4] 郭鹏. 大学生的心理健康教育（第2版）［M］. 徐州：中国矿业大学出版社，2015.

[5] 何雯，王静. 基于网络环境的高职院校大学生心理健康教育策略［J］. 中国健康教育，2013，29（4）：382—383.

[6] 李畅. 积极心理学取向的大学生心理健康教育课程体系探索［J］. 福建茶叶，2019，41（6）：165—166.

[7] 李国强，谢平英. 心理健康教育课程设计与开发［M］. 湘潭：湘潭大学出版社，2017.

[8] 李国毅. 大学生心理健康教育［M］. 北京：国家行政学院出版社，2019.

[9] 李婷婷. 积极心理学视角下的大学生心理问题探析［M］. 北京：中国书籍出版社，2019.

[10] 李旭，邵昌玉，郑涵予. 大学生心理健康与积极成长［M］. 重庆：重庆大学出版社2018.

[11] 李焱. 入学教育视野下的大学生心理健康课程模块探究［J］. 现代教育科学（高教研究），2014（2）：53—55.

[12] 梁舜薇，赵静波，赵久波. 心理健康课程对大学生情绪及寻求心理帮助态度的影响［J］. 中国健康教育，2017，33（8）：745—748.

[13] 林健. 基于移动互联网的大学生学习心理障碍教育对策研究［J］. 山西青年，2016（02）：176.

［14］刘宣文，赵晶. 学校心理健康教育课程设计与教法［M］. 北京：中国人民大学出版社，2020.

［15］陆建兰，李宪伦. 网络话语影响下的大学生心理健康教育课新模式探研［J］. 学校党建与思想教育（高教版），2015（1）：69—71.

［16］陆建兰. 微课程视阈下大学生心理健康教育课程改革探析［J］. 广西社会科学，2017（12）：207—209.

［17］马建青. 大学生心理健康教育课程30年建设历程与思考［J］. 思想理论教育（上半月综合版），2016（11）：87—91.

［18］马俊云，牟玉荣，石磊. 新媒体环境下大学生心理健康教育课程探究与应对［J］. 高等农业教育，2017（5）：93—95.

［19］孟万金. 积极心理健康教育在中国［M］. 北京：教育科学出版社，2017.

［20］苗祥波. 融入思政课程的大学生心理健康教育路径分析［J］. 继续教育研究，2021（10）：87—89.

［21］裴菁菁. 大学生心理健康教育课程教学改革与探索［J］. 福建茶叶，2019，41（9）：95—96.

［22］邱小艳，宋宏福. 大学生心理健康教育课程体验式教学的实验研究［J］. 湖南师范大学教育科学学报，2013，12（1）：95—98.

［23］宋宝萍. 大学生积极心理健康教育：理论与实践［M］. 西安：西安电子科技大学出版社，2015.

［24］谭芳. 大学生心理健康教程［M］. 北京：化学工业出版社，2014.

［25］谭华玉，马利军. 大学生心理健康教育：基于积极心理学角度［M］. 北京：人民邮电出版社，2016.

［26］王翠春. "互联网+"视域下成教大学生心理健康教育服务体系的构建［J］. 中国成人教育，2021（16）：36—38.

［27］王丽. 积极心理教育：培育学生心理资本［M］. 成都：西南交通大学出版社，2015.

［28］王淑梅. "互联网+"时代大学生心理健康问题的教育探析［J］. 职业技术教育，2016，37（35）：66—68.

［29］伍泽宇，严嘉炜，杨鼎. "互联网+"背景下大学生心理健康风险及对策研究［J］. 中国商论，2018（27）：27—29.

［30］肖琪. 应用型本科大学生就业心理辅导［M］. 西安：西安电子科技大学出版社，2019.

［31］薛春艳. 大学生心理健康教育课程建设特点及其反思［J］. 学校党建与思想教育

（高教版），2015（4）：66—67.

[32] 薛春艳. 大学生心理健康教育课程体验式实践教学探赜 [J]. 学校党建与思想教育，2020（9）：72—73，79.

[33] 杨光，李浩铭，于瑾."互联网+"背景下的大学生心理健康课程教学模式构建 [J]. 福建茶叶，2019，41（5）：33.

[34] 杨海，谢丹. 浅析大学生心理健康隐性课程的优化路径 [J]. 学校党建与思想教育，2018（5）：75—77.

[35] 杨菡卿. 互联网+时代大学心理健康课程教改实践 [J]. 才智，2020（15）：185.

[36] 袁爽英. 当前大学生网络自我概念现状及教育对策研究 [D]. 成都：电子科技大学，2006：45.

[37] 张宏源. 浅析"互联网+"背景下大学生就业指导工作创新对策 [J]. 佳木斯职业学院学报，2017（11）：221.

[38] 张金娟. 移动互联网背景下高校心理健康教育管理问题与反思 [J]. 继续教育研究，2021（11）：86—88.

[39] 赵菊，李燕. 大学生心理健康教育 [M]. 武汉：武汉大学出版社，2017.

[40] 赵陵波，陈明玮，任志洪. 基于EBP的"慕课（MOOC）"式大学生心理健康教育课程体系构建 [J]. 教育研究与实验，2016（4）：88—91.